국제문학 총서 101

파독 광부 간호사 삶의 기록

독일 아리랑

채 길 순

국제문학사

국립중앙도서관 출판예정도서목록(CIP)

독일 아리랑 : 파독 광부 간호사 삶의 기록 / 지은이: 채길순. -- 서울 : 국제문학사, 2018
    p. ;   cm. -- (국제문학총서 ; 101)
ISBN 979-11-960937-4-7 03920 : ₩15000

파견 근로자[派遣勤勞者]
한국 이민사[韓國移民史]
독일(국명)[獨逸]

331.3725011-KDC6
325.243-DDC23   CIP2018009725

자료사진

독일 지도

서독 광부 파독 제1진 일동(1963년 12월 3일)

프랑크푸르트 신문 "노이에 프레세",
간호사 프랑크푸르트 공항 도착(1966년 6월 30일)

일하러 광구에 들어가기 전

막장으로 일하러 들어가기 전에

한 병원에 배치되어 수간호사와 기념사진

헤르네 광산 풍경 (1)

헤르네 광산 풍경 (2)

석탄 광산에서 일을 마치고

석탄 광산에서 일을 마치고

두이스부르그-발슘 광산 풍경

유리아 광산 풍경

한국 광부의 친목 조직 "그뤽아우프" 노동절 행사에서 광부 간호사가 함께했다.

지금도 향우회를 중심으로 독일 교포들의 모임을 이어오고 있다.(2017년 7월 1일)

차 례

파독 광부 간호사 삶의 기록
독일 아리랑

자료사진 ··· 3

서문 - 파독 광부 간호사 삶의 기록 - ·· 13
『독일 아리랑』이 지니는 사회사적 의미 – 김성수 -

작가가 만난 사람들 ·· 31

1. 우복희 • 편 ·· 33
   독일의 성자를 만나 온전한 독한 가정을 이루다

2. 윤영탁 • 편 ·· 39
   파독 광부가 남자 간호사가 되어 의료 가문을 이뤘다

3. 박상진, 송순희 • 편 ·· 45
   광부 간호사의 전형적인 가정으로 독일 사회의 일원이 되었다

4. 황수잔 • 편 ·· 51
   독한 가정에서 미술에의 열정을 꽃피우다

5. 이복남 • 편 ·· 59
   한국과 독일을 오가며 자연분만의 전도사가 된 억척 인생

6. 정방지 • 편 ·· 71
   독일 음악을 사랑했고, 음악 속에서 행복한 간호사

7. 전성준 • 편 ·· 79
   광부와 사업가의 삶을 살고 만년에 소설가의 길을 걷다

8. 정창근 • 편 ··· 93
　　간호사 아내를 따라갔다가 민족과 통일 지향의 소설가가 되다

9. 김순자 • 편 ··· 99
　　독한 가정에 시련이 닥쳤으나 당당히 이겨낸 맹렬 여성

10. 나남철 • 편 ··· 105
　　교포 사회의 마당발로 활기를 나눠주는 전도사

11. 강무의 • 편 ··· 111
　　광부로 들어와 노동운동가의 길을 걷다

12. 박정자 • 편 ··· 119
　　광부 간호사 가정으로 억척스런 삶을 살다

13. 김승숙 • 편 ··· 131
　　부부의 화음으로 독한 가정을 꽃피우다

14. 박영래 • 편 ··· 141
　　온갖 시련 속에서도 낙천적으로 희망을 꽃피우다

15. 신종철 • 편 ··· 149
　　광부 출신으로 독일 배구감독의 체육인이 되다

16. 이종현 • 편 ··· 157
　　광부 출신 아카데미커로, 사회운동에 앞장서다

17. 최미순 • 편 ··· 171
　　간호사에서 성악가로 화려한 변신

18. 황순자 • 편 ··· 181
　　의사의 아내가 되어 의사의 가문을 일구어낸 삶

19. 정용숙 • 편 ·· 193
　　독한 가정의 아픔을 떨치고 우뚝 서다

20. 박선애 • 편 ·· 201
　　온갖 삶의 역경을 딛고 꿋꿋이 일어선 오뚝이 인생

21. 이부혜 • 편 ·· 211
　　연약한 몸으로 간호사의 삶을 살아낸 백의의 천사

22. 김춘자 • 편 ·· 219
　　헌신으로 독한 가정의 이질적인 문화를 극복한 삶

23. 김진향 • 편 ·· 231
　　간호사에서 여성학을 전공하고 사회 활동으로 나선 맹렬 여성

24. 한상모 • 편 ·· 249
　　광부에서 독일의 요리사가 되어 의료 가문을 이뤘다

25. 황만섭 • 편 ·· 261
　　광부에서 여행사 사장으로, 유럽 벌판을 달린다

26. 양해동 • 편 ·· 269
　　생애를 망명자 신분으로 한민족의 긍지를 품에 간직하다

(작가의 말) 멀리 떠나온 사람들의 디아스포라 ·························· 281

(서 문)

파독 광부 간호사 삶의 기록

『독일 아리랑』이 지니는 사회사적 의미

김성수(독한문화원 원장)

파독 근로자라는 이름의 광부 간호사의 독일 생활 역사가 어언 50여 년에 이르고 있다.

이들의 독일 생활사는 개인사적 의미를 넘어 사회사적 의미를 지니고 있어서 한국 내는 물론 교포 사회에서도 많은 관심을 가지게 되었던 것도 사실이다. 한국의 여러 신문, TV 등 다양한 언론 매체를 비롯하여 학자들의 연구를 통해 역사적인 문제나 의미가 담론화되기도 했다. 그러나 채길순 교수의 "독일 교포와의 인터뷰" 처럼 직업, 사회 활동, 거주 지역, 인생관 등 교포들의 다양한 삶을 생생하게 들려주는 경우는 별로 없었던 것 같다.

채 교수는 그동안 독일에 수차례 왕래하면서 독일의 교포들의 사연을 두루 파악한 사실을 기초하여 인터뷰 대상자의 다양한 삶을 잘 그려냈다. 그는 1차로 2016년 9월부터 12월까지 인터뷰 기사를 독일에서 발행되는 <교포신문>에 연재했고, 이번 2차는 한국문화예술위원회의 후원으로 2017년 8월에 독일을 방문하여 인터뷰를 진행했다. 주로 현장 답사를 통해 얻은 소재로 소설을 쓰는 작가로 잘 알려져 있어서 이런 집필 경험이 책으로 발행되는 『독일 아리랑』에 잘 반영되었을 것으로 보인다.

재독일 교포에 대한 인터뷰 내용이 어쩌면 개인사적일 수밖에 없는 한계를 지닐 수도 있다. 그러나 광부 간호사들은 해방 이후 6.25 전후의 가난한 조국을 등지고 낯선 독일 땅에 들어왔다. 조국의 남북 이데올로기, 서독과 동독 사회의 이데올로기 환경만으로도 이들의 삶은 개인사적 의미를 넘어 사회사적 의미를 지닐 수밖에 없었다.

광부 간호사들의 삶의 의미를 폭넓게 이해하기 위해서는 인터뷰 대상이 된 재독 교포들의 생활 터전에 대한 이민의 역사와 사회적인 배경에 대한 이해가 우선되어야 할 것 같다.

"가스트알바이터(Gastarbeiter)"

서부독일은 1950년대 "라인 강의 기적"을 일으켜 부족한 노동력을 메꾸기 위해서 "손님노동자"라는 의미의 "가스트알바이터" 제도를 도입했다. 이 제도 시행의 거의 마지막 단계에서 한국의 광부와 간호사가 서부독일에 취업하게 되었다. 내가 "외국노동자"라는 용어 대신 "손님노동자"라고 명명하게 된 이유는 "외국노동자"라는 용어는 이미 나치 정권이 사용했기 때문에 거부감이 있었으며, "손님노동자"라는 용어는 외국노동자의 경우 일정한 기간이 지나면 다시 귀국해야 한다는 규정이 있었던 정책과 관련이 있기 때문이다.

- 라인 강의 기적의 독일에서

널리 아는 것처럼 제2차 세계대전(第二次世界大戰, World War II)은 독일·이탈리아·일본의 주축 나라와 프랑스·영국·미국·소련·중국 연합국 간의 전쟁이었다. 종전 이후에 승리한 연합국에 의해 독일은 동서독으로 분단되었다. 서독 지역은 분단된 1945년 이후 약 10년간 매년 10% 이상의 경제성장을 이뤄 산업시설의 복구와 갱신을 통해 산업생산에서 "경제기적"(공식적인 표현)을 창조해냈다.

서부독일의 산업은 광업과 철강업의 생산을 정상화하여 자동차 공업을 부흥시켰으며, 기계공업, 화학, 전기공업은 1950년대 중반에 미국의 발전 수준에 가까이 도달했다. 그 외적 요인으로는 동부 공산주의 진영에 대해 "자본주의 쇼윈도"를 만들려는 미국의 마샬 정책이 작용했다. 더 중요하게는 연합군의 광폭한 폭격에도 상대적으로 많이 살아남은 산업시설, 두툼한 산업인재 풀, 협동정신 등의 요인 때문이다. 그 당시 유럽의 프랑스, 벨기에, 네덜란드 등의 나라에서도 경제

기적을 언급하고는 있으나 서부독일의 수준에는 미치지 못했다.

이렇게, "라인 강의 기적"은 서부독일 경제 전반을 빠르게 현대화하고 지속적으로 발전시키는 원동력이 되었다. 그 결과, 전쟁 뒤 4-5년 사이에 노동자의 수입은 종전 전 수준에 이르렀으며, 이 기간에 "국민차(폴크스바겐)"의 생산은 100만대에 이르렀다. 1950-60년의 10년 동안에 수출은 4, 5배, 국민총생산은 3배에 이르렀다.

이 같은 "라인강의 기적"과 더불어 독일의 경제력은 1950년대 중반부터 "메이드 인 저머니(Made in Germany)"의 1920년대의 명성을 세계적으로 다시 떨치게 했다. 그 당시 한국인인 우리에게도 자동차, 시멘스, 아에게, 보쉬 전기제품, 레버쿠센의 바이어 제약화학회사 제품의 아스피린(처음 생산은 1921년), 프랑크푸르트-획스트 제약화학회사의 페니시링(처음 생산은 1939년) 등의 "매이드 인 저머니"는 너무나 잘 알려져 있었다.

- "가스트알바이터(손님노동자)" 정책

서부독일의 경제 기적은 노동력의 부족 현상을 가져왔다. 일시적으로는 농업의 기계화 현대화로 유입되는 농업노동자, 동독에서 넘어온 약 3백만의 노동력, 그 외 해외에서 들어오는 독일 동포들로 일부 노동력을 메꿨으나 부족현상은 점차 심화되었다. 이에 대한 대안으로 서부독일 정부는 1955년 "가스트알바이터" 제도를 공식화했으며, 이 제도는 공식적으로는 1973년에 종료되었다.

1955년 맨 처음 이탈리아로부터 10만 명의 "손님노동력"이 서부

독일에 들어오기 시작했다.

　1960년에는 스페인과 그리스, 1961년 터키, 1963년 마르코, 1964년 포르투갈, 1965년 투네시엔, 1968년 유고슬라비아로 잇따랐다. 이들 손님노동자의 총계는 1970년대 중반 약 3백만으로 통계되고 있다. 이 3백만 명 안에는 손님노동자의 아내와 자녀들이 포함되지 않은 숫자였다. 그나마 이들 외에 프랑스, 베네룩스, 스칸디나비아 등 인접 국가에서 들어온 취업자는 "손님노동자"라고 부르지도, 포함되지도 않았다.

　"손님노동자"는 주로 탄광, 철강업체, 자동차 산업체, 건설업체 등 힘들고 더러우며, 교대근무 또는 프리스반드 작업 등 독일 노동자들이 꺼려하는 산업공장에 투입되었다. 1973년 이후에 손님노동자의 취업이 중단되었으나, 손님노동자는 독일에서 장기체류 내지 독일 국적을 얻을 수 있게 되어 가족을 데려오거나 새로 가정을 꾸릴 수 있게 되었다. 이들은 독일 사회에서 외국인 구성의 기반으로 되었다. 1989년 독일 통일을 전후해서도 개별적 내지 국가적인 필요에 의해 외국인 취업은 계속 늘고 있었으며, 2008년 현재 독일 거주 외국인 비율은 약 19%로 집계되고 있다. 이들 중 독일 국적 취득자는 50% 정도이다. 2017년 현재 독일 전체의 인구는 약 8천4백만을 헤아리고 있다.

　국적을 기준으로 본 외국인 비율은 터키 출신이 25%로 가장 많고, 그 다음이 이탈리아가 7.8%, 폴스카가 5.9% 등의 순이다.

- 코리아니쉐 가스트알바이터

"코리언 가스트알바이터"는 1963년에서 10여 년에 걸쳐 특정 취업 분야인 석탄 채굴회사와 병원으로 한정되었으며, 손님노동자로 수년의 단기간만 노동한다는 조건으로 시작되었다. 그리고 광부 간호사 취업은 서부독일의 "가스트알바이트 정책"의 거의 마지막 단계에 해당했다.

한국 광부의 독일 진출은 "한국광부의 독일광산 임시취업계획"에 따라 1963년 12월에서 1977년까지 여러 차례에 걸쳐 이뤄졌다. 총 7,936명으로 집계되고 있다. 이들은 석탄광산에서만 근무할 수 있었으며, 취업 지역은 석탄광산이 소재한 독일 중부 루르지방(보훔, 카슈트로프라욱셀, 발숨 등)과 벨기에와 국경 도시인 아헨 시에 한정되었다.

한국 광부의 체류 기간은 "로타치온/순환원칙"에 따라 3년으로 한정되었다. 이 원칙에 따라 일부 취업자는 귀국했으며, 다른 일부는 미국, 캐나다 등 제3국으로 떠났다. 그러나 약 40%는 개인적으로 독일에 계속 체류할 수 있는 방법을 찾아냈다. 그 방법으로는 독일 장기 체류 허가를 가진 한국 간호사 또는 독일 여성과 결혼, 직업 재교육을 통한 새로운 일자리 구하기, 유학생으로의 신분 전환 등이었다.

간호사와 간호보조원은 1965년에서 시작하여 1976년까지 10,032명이 취업한 것으로 집계되고 있다. 이 통계에는 1960년대를 전후하여 선교사를 통한 간호사 양성 케이스로 취업한 분들은 포함되지 않았다. 대략 초창기 독일 병원 취업은 이수길 의사와 이종수 의사의 개인적인 주선으로 시작했으나, 1968년부터는 해외개발공사와 독일병원협회 간의 "한국간호요원 독일 내 병원 취업에 관한 절차 합의"에 따르는 공적인 성격으로 바뀌었다.

한국 간호사는 서베를린, 함부르크, 하노버, 에센, 보훔, 뒤셀도르프, 쾰른, 마인츠, 프랑크푸르트, 뮌헨 등 큰 도시 이외에도 바덴 뷔르템베르크 주에서는 튀빙겐, 로이틀링겐, 에슬링겐, 타이프링겐, 뵈브링겐, 프라이부르크 등 중소 도시를 비롯하여 서독의 거의 전 지역에서 근무했다.

한국 간호 요원은 독일 병원의 형편상 장기 체류가 1970년대 중반에 일시적으로 어려움이 있었으나 비교적 유리했다. 그럼에도 불구하고 일부는 귀국했으며, 일부는 미국이나 캐나다, 스위스 등 독일 보다 노동 조건이 더 나은 곳으로 옮겨갔다. 독일에 취업한 전체 간호사 중 약 40-50%는 독일에 삶의 뿌리를 내렸다(1980년대 약 4,600명). 이들 중 적은 일부에 속한 기혼 간호사는 가족을 독일에 초청하여 합류했으며, 대부분을 이룬 미혼 간호사들은 광부 출신, 유학생, 또는 독일인을 비롯한 기타 외국인들과 결혼하여 가정을 꾸렸다.

독일 사회에서 한국인이 뿌리를 내리게 된 역사는 이처럼 길지 않다. 코리아와 독일 간의 국가적 관계는 일제 식민지 처지로 인해 일정하게 차단되었기 때문이다. 이로 인해 한국인에게 독일 문화는 일본을 통해 간접적으로 부분적으로 접할 수 있었으며, 일제 강점기 독일에 유학한 한국인은 극소수에 불과했다. 해방된 이후에도 제한되어 한국의 광부와 간호사가 본격적으로 들어오기 시작한 1960년대 중반까지만 해도 유학생과 독일 교포 전체가 천 명도 되지 않았다. 그러나 2010년대 독일 교포는 3만 내지 3만 5천을 헤아리고 있다. 불행 중 다행이라 할까, 한국사에서 최초로 이뤄진 해외 인력 수출을 통해 한독 간에 돈독한 관계가 형성되었다.

힘들었던 파독 광부 간호사 초기 시절

한국의 1950-60년대는 일제 식민지의 후유증과, 외세에 의한 남북 분단과 강요된 동족상잔의 6.25 전쟁으로 인한 경제기반의 파괴, 정신 심리적 황폐함, 여기에 군사독재 통치로 암담한 사회 분위기였다. 이때 일반 서민에게 현실은 한마디로 "찢어지게 가난한 시기"였다. 잘사는 외국에 대한 선망은 컸고, 가난 극복의 길이 있다면 물불을 가리지 않으려는 분위기였다.

마침 높은 경쟁을 뚫고 광부와 간호사로 독일에 취업하게 된 "행운아"가 되었지만 낯선 외국에서 맞이하는 찬바람은 결코 녹록지 않았다. 이것이 파독 광부 간호사 역사의 시작이 되었다.

고향이 한없이 멀기만 했던 시절

큰 꿈을 안고 독일 생활을 시작했지만 생활환경이 너무 이질적이고 직장 생활도 순탄치 않았다. 그럴 때일수록 향수는 벅차게 치밀어 오르는데, 고향은 멀기만 했다.

1960-70년대에는 휴가 차 일시 귀국하는 고향 방문도 감히 꿈도 꾸지 못할 시기였다. 그 당시 서울과 독일 간의 비행기 편이 자주 없었고, 우선 비행기 요금 부담이 너무 컸다. 광부 간호사의 한 달 월급

으로는 턱없이 모자랐다. 뿐만 아니라 일시 귀국할 수 있는 허가를 관으로부터 허락을 받아야 귀국이 가능했다. 일시 고향 방문은 대부분의 취업자나 유학생들에게 거의 불가능한 일이었다. 한마디로, 부모상을 당했다고 해도 마음대로 귀국 비행기에 오를 수 없었다. 심지어 그 당시 전화로 부모형제들의 목소리를 듣는다거나, 서신을 통해 소식을 전한다는 것도 쉽지 않았다. 당시 한국에서 집전화는 큰 재산에 속할 정도였으며, 형편이 좋은 가정에만 있었다. 전화 있는 집안과 일정한 시간에 약속한 다음에야 통화가 가능했다. 그것도 중앙우체국의 연결을 통해서였다. 우편물은 비행기 편으로도 수 주일이 소요되었으며, 배편으로는 한 달 이상이 걸렸다. 고향 음식을 먹고 싶어도 수하물 공급이 쉽지 않았다.

고향과의 소통 수단이 인편, 항공편, 배편 등 어느 것 하나도 쉬운 것이 없을 때였다. 어렵고 급한 사정인 경우 전보가 그나마 빠른 소통 수단이었다. 이러다 보니 거리도 거리지만 마음의 고향은 너무나도 멀기만 했다. 독일 생활을 끝내고 고향에 돌아갈 수 있는데 독일 생활은 여의치 않게 자꾸 길어지기만 했다.

이렇게 멀기만 했던 고향이 30-40년이 지난 오늘날처럼 편리하고 가까워질 줄은 꿈에도 상상 못했다. 이제 고향 소식을 실시간으로 보고 들을 수 있게 되었으며, 고향에 가고 싶으면 언제나 쉽게 갔다 올 수 있게 되었다. 고유의 음식물도 웬만한 것은 어렵지 않게 해결할 수 있다. 무엇보다도 독일 사람들의 한국 문화와 한국인에 대한 인식이 긍정적으로 바뀌어져 독일 생활에 큰 어려움이 없게 된 것이다.

- 낯선 이국의 생활 풍토

한국의 광부 간호사들의 취업 생활이 시작된 1960-70년대 독일인들의 정신생활이나 풍토는 대체로 "보수적"이었으며, "손님노동자"에 대한 우월의식 또는 차별의식도 유난히 심했다.

생활 풍토의 보수성은 생활의 여러 분야에서 권위주의적인 현상으로 나타났다. 집안에서는 남자 가장 중심의 위계질서, 일반 시민에 대한 공무원, 병원에서 의사, 대학교에서 교수, 법원에서 판사, 광산에서 마이스터…… 이들의 권위 의식은 그야말로 팽배했다. 관공서의 권위의식은 체류 및 노동허가를 받으러 갔을 때 절실하게 체험하는 것들이었다. 이 같은 차별 의식은 이사하기 위해 월세 방을 얻으려 할 때, 혹은 아이들을 유치원, 초등학교에 보낼 때 절실하게 되었다.

이러한 독일 사회의 권위주의는 한국에서도 경험한 것이었지만, 차별성은 못살아서 온 손님이니 숙명으로 받아들이면서도 모멸감은 가슴 한복판에서 불탔다. 다행히 1960년대에 시작된 전국적인 학생운동의 결과로 1970년대 후반부터 독일인들의 권위주의와 외국인 차별의식이 점차 누그러지기 시작했다. 그러나 개인들에게 체질화 된 전통적인 생활 습성과 멘탈리태트, 민족적 정체성이 독일 생활에서 이질성으로 부딪쳤을 때는 괴로움이 컸다.

독일 생활에서 배워야 할 독일인들의 특징적인 장점은 합리성과 정확성, 준법성, 준비성, 인내성 등이 꼽힌다. 합리성은 사고가 논리적이고 체계적인 데 있지만, 일상생활에서는 토론문화에서 많이 경험하게 된다. 한국인들은 '욱하는' 성격으로 감정 폭발이 심한 편인데 비해 독일인들은 긴 시간을 두고 합리적인 증거로 상대방을 설득해 나간다. 합리성은 정확성과 통하며, 이에 따라 적당주의를 혐오한다. 또 하나 특별히 주목되는 것은 준비성이다. 가정의 일처리에서부터 사회 활동의 계획 수행은 미리미리 체계적으로 준비하는 것이다. 가족의 휴가여행이나 소규모의 단체행사도 보통 1년 전부터 준비한다.

- 찬바람 속에 생활의 뿌리 내려

한국의 광부와 간호사들은 1970년대 후반기부터 독일 생활이 차츰 안정되기 시작했다. 이들은 독일에서 직장생활을 거의 맨주먹으로 시작했다고 볼 수 있다. 우선 독일 생활의 기본 수단인 독일 언어에 대한 준비가 전혀 없었다. 뿐만 아니라 직장 근무에 대한 소양도 갖추지 못했다. 그저 독일을 선망했던 정도의 개인적 문화적 소양을 지닌 정도였다. 예를 들면 세계적으로 명성이 있는 철학자 칸트, 헤겔, 하이데거, 작곡가 베토벤, 슈베르트, 멘델스존, 문학자 괴테, 하이네, 헤르만 헤세 등을 기억하는 정도였다.

그렇지만 간호사들은 언어가 병원 근무에 필수이기 때문에 일부 병원에서는 한국 유학생을 임시 채용하여 독일어 수업을 제공하거나, 드물게는 괴테학원이라는 독일어 연수를 주선하기도 했다. 대부분의 간호사들은 개인적인 노력과 부담으로 언어 문제를 해결해야 했다. 이에 비해 광부들은 언어적인 통화 수단이 크게 요구되지 않는 단순 육체노동이었기 때문에 석탄광산주는 언어 교육에 대한 관심이 없었다. 광부 본인들은 심한 노동에 시달린 데다 "순환원칙"에 따라 3년이면 떠나야 한다는 조건 때문에 언어 능력 향상에 대한 의욕이 별로 없었다.

이들은 근무를 시작하여 2~3년 동안은 전혀 생소한 직장생활에 익숙해지기 위해 버거운 노력을 하다 보니 숙소와 직장 간의 공간을 벗어나기 어려웠다. 근무를 끝내고 집에 간들 먹고 싶은 한국 음식이 있는 것도 아니고, 직장에서의 어려움을 달랠 수 있는 가정도 없었다. 대부분은 최대한 절약 생활을 하면서 많지 않은 월급의 3분의 2 정도를 송금하는 것이 그나마 "위안"이 되었다.

1960-70년대는 한인회, 한인 교회가 발족하기 시작했으나, 한국 음식점이나 문화단체는 거의 없었다. 교민들의 편리를 돌봐 줄 수 있는 공관이라야 수도 본에 대사관 하나만 있었다. 지금과 같은 총영사관은 따로 없었다. 그러나 주독일 한국대사관은 무엇보다 교포들의 삶의 고충을 헤아려주지 못했다. 예컨대, 광부들이 주말을 이용해 이웃 나라 네덜란드를 구경하고자 대사관에 가 여권에 네덜란드 국가 이름을 올려 달라고 신청하면, "돈 벌러 왔지 여행하려고 독일에 왔는가?" 하고 핀잔을 줄 때였다. 그뿐 아니라 한국 광부들의 권리투쟁(1970년 아헨 광산, 1974년 발숨 광산), 1974년 이후 반(反)군사독재 투쟁이 벌어지자 교포들에 대한 감시, 이간질, 심지어 탄압을 자행하기도 했다. 그러나 독일 정부는 1973년 석유파동 이후 한국 간호사까지 귀국시키는 정책을 강행해 나갔다. 이에 대한 저지 운동에 앞장섰던 단체(민건회, 노동자연맹, 재독 한인여성모임)가 열심히 투쟁할 때 대사관은 무슨 역할을 했는지 별로 알려진 것이 없다. 그들은 과연 어느 편이었던가.

이런 찬바람 가득한 환경에서도 1970년대 후반부터 광부 간호사들은 독일 사회에 뿌리를 내리기 시작했다. 1970년대 후반에서 1980년대 초에는 대부분의 처녀 총각들이 새 가정을 이뤘고, 기혼자들은 가족들을 초청하여 가족 결합이 가능해졌다. 대부분의 간호사들은 안정된 병원 근무를 계속했고, 광부들은 교육을 받고 제2의 직장에서 근무하거나 식품업, 여행업 등의 자영업에 종사하게 되었다. 광부와 간호사 출신 중 일부는 독일 대학교에서 학위를 획득하여 노동자 신분에서 아카데미커로 신분이 상승된 경우도 적지 않다.

이제 50여 년의 세월이 흘러

한국의 광부, 간호사들이 "손님노동자"로 독일 생활을 시작한 지 어언 50년의 세월이 흘러갔다. 독일 생활에 뿌리 내리기를 성공한 이들은 대부분 70대가 되어 직장생활을 마치고 렌트너(연금생활자)로 살고 있거나, 드물게 80대 초반에 이른 분도 있으며, 아직 60대로 직장생활을 계속하는 분들도 소수 있다.

이제는 머리에 서리 내리고

독일에서 정착 세월이 길어지다 보니 젊은 시절은 멀리 가고 이제 머리에 흰서리 내린 인생의 황혼길에 접어들었다. 그러나 이들 대부분의 노후생활은 넉넉하지는 않지만 할머니, 할아버지가 되어 나름대로 안정된 생활을 누리고 있다. 독일 생활의 우여곡절 끝에 산재로 사망하거나 불구자가 되거나, 자살, 질병 등으로 조사되기도 하고, 이혼하여 가정파탄을 겪은 사람들에 비하면 그나마 행복을 누리며 살아가는 사람들이다.

지난 세월을 돌아보면 독일 사회에 기여한 특기할 만한 것도 있었으며, 한국인의 유별난 특질인 역동성을 발휘하여 수많은 단체를 구성하기도 하고, 그곳의 활동이 활발하기도 하다.

1970년대 후반 독일 생활이 정착되면서 광부 출신 태권도 사범들이 여기저기 도장을 차려 태권도를 독일 사회에 보급하기도 했다. 그때까지만 해도 "캄프스포트"로는 일본의 가라테가 선점하고 있을 때였다. 한국 사범들의 다이내믹한 활동으로 짧은 기간에 독일 전역에서 태권도가 생활체육으로 뿌리내려 주도권을 잡게 되었다. 또 하나는 한국 배추가 생산되어 독일 전역으로 소비가 확산되었다. 1960년대와 1970년대 초반만 해도 독일 식품점에는 배추가 전혀 없어 김치를 담글 수가 없었다. 한국 광부들이 주말 여가를 이용해 배추와 무를 재배하여 교포를 상대로 보급한 것이 독일 사회에 배추 보급의 시작이었다. 2000년대에는 독일의 웬만한 도시에서 배추가 일반적인 채소의 하나로 널리 보급되고 있다.

또한 단체 활동도 활성화되었다. 동향인 간의 친목단체, 권익옹호단체, 종교단체, 동호회, 사회참여단체 등은 인생 말년 여가 활동의 보금자리가 되고 있다. 예를 들면 "그뤽아우프", "재독 한인 간호협회", 지역 한인회, 향우회, 재독 대한체육회, 종교 단체, 문학예술 동호회 등 분야도 다양하다.

이 외에 독일 사회도 주목하는 사회 참여 단체로는 "5월 민중제 준비모임", "재독 한국여성모임", "6·15공동선언실천 유럽위원회", "한민족유럽연대", "재독 동포협회", "다함께 사는 세상", "범민련 유럽지역회", "종군위안부 해결연대", "세계 한민족여성네트워크 독일지역" 등이다.

한국 교포들의 단체 활동은 크기도 하고 작기도 하며, 다양하기도 하고 활발하다. 물론 내부적인 갈등, 배격, 심지어 고발과 고소와 같은 불미스러운 갈등도 더러 일어나고 있다. 그러나 이런 일부의 적극적인 활동은 독일 사회에 한류를 일으키는 원동력이 되기도 한다. 일본인들도 뒤셀도르프, 프랑크푸르트 등 큰 도시를 중심으로 한국 교포의 숫자만큼 살고 있지만 이들의 활동은 너무 조용해서 대조적이다.

- 자라나는 2, 3세대 문제

재독 한국 교포 1세들의 독일 생활이 50여 년이 흐르다 보니 이제 2세들이 중년이 되었고, 그다음 3세대도 대학을 가는 수가 매년 늘어가고 있다.

독일에 취업하기 전에 기혼이었던 광부와 간호사들은 1970년대 후반 독일에서 생활이 정착되자 고향에 두고 온 가족들을 독일에 초청하여 가족 결합이 이뤄졌다. 이런저런 사정으로 독일에 오게 된 자녀들을 1.5세라고 부르고 있다. 이들이 지금은 50대가 되었으며, 2세들도 이들 연배를 가까이 따라가고 있다. 2세들의 구성은 부모가 한국인 경우, 부모 중에 한편이 독일인인 경우, 부모 중에 한편이 독일인이 아닌 다른 외국인인 경우 등 다양하다.

한국인 부모들의 자녀에 대한 교육열은 특별하다. 여기서 태어난 2

세들은 대충 80% 이상이 아비투어(대학 진학 자격시험)에 합격할 뿐 아니라 대체로 좋은 점수를 받는 것으로 소문나 있다. 독일인의 경우도 아비투어 합격률이 45% 정도인 데 비하면 상당히 높은 편이다. 아비투어 성적이 좋다 보니 2세 젊은이들이 선호하고 경쟁이 높은 학과에 많이 합격하게 된다. 그 결과 독일에서도 비교적 좋은 직업에 꼽히는 의사, 법관, 엔지니어, 학자 등의 우수 인재가 늘어나고 있다.

2세대 중에는 독일의 여러 도시를 중심으로 운영되고 있는 주말 한글학교에서 한글과 한국 문화를 배우기도 하고, 한국의 대학교에 입학하여 한국학을 공부하는 경우도 더러 있다. 그런가 하면 대부분의 2세들은 한국어로 말하고 서술할 수 있는 수준은 매우 낮은 편이다.

- 교포들의 정체성 문제

1세대들은 인생 말년으로 접어들면서 생각이 복잡해지고 있다. 오랫동안 독일 생활을 해왔지만 독일인과 깊숙이 어울려 산 한국인은 많지 않다. 혼자된 몸으로 양로원에 의지해야 한다면 한국인만의 양로원이 없는 조건에서 이를 어떻게 할 것인가? 죽으면 타향 땅 독일에 묻힐 것인가, 아니면 부모형제가 있는 고향에 묻힐 것인가, 그렇게 된다면 태(胎)가 묻힌 곳으로 돌아가게 되지만 독일에 살고 있는 자식들과는 영원한 결별이 아닌가? 등 이런 문제를 어떻게 정리할 것인가? 반생애 이상을 독일에 살았는데, 그 생은 과연 어떤 의미를 지녔을까, 교포들의 정체성에 대한 많은 생각들이 꼬리에 꼬리를 물게 되는 경우를 많이 접하게 된다.

2세, 3세가 독일 국적을 갖게 되는 것은 자동적으로 해결된 문제이다. 그렇다고 과연 이들이 독일인과 동질인이 될 수 있을까? 독일인과 얼굴 생김새가 확연하게 다른데도 문화 문제가 공유될 수 있을까. 독일의 정치사회 일부에서 다문화 이야기가 긍정적으로 대두되기도 한다. 그런가 하면 독일은 미국과 달라서 이민국가가 아니라는 주장도 날이 갈수록 강해지기도 한다. 앞으로 3세, 4세…… 이들의 운명은 과연 어떻게 될까?

 많은 문제들이 인터뷰를 통해 제기될 것이며, 함께 고민하게 될 계기가 될 것으로 믿는다. 이런 점에서 독일 교포들의 인터뷰 기록 『독일 아리랑』이 의미 있다.

작가 '채길순'이 만난 사람들

(1) • 우복희   (2) • 윤영탁
(3) • 박상진, 송순희
(4) • 황수잔   (5) • 이복남
(6) • 정방지   (7) • 전성준
(8) • 정창근   (9) • 김순자
(10) • 나남철 (11) • 강무의
(12) • 박정자 (13) • 김승숙
(14) • 박영래 (15) • 신종철
(16) • 이종현 (17) • 최미순
(18) • 황순자 (19) • 정용숙
(20) • 박선애 (21) • 이부혜
(22) • 김춘자 (23) • 김진향
(24) • 한상모 (25) • 황만섭
         (26) • 양해동

이 책의 내용은

　인터뷰의 말을 기초로 작성되었으며,

　　본인이 확인한 내용입니다.

　　　- 국제문학사, 필자 -

만난 사람들 (1)

독일의 성자를 만나 온전한 독한 가정을 이루다
● 우복희, Bock-Hee Schmidt ● 편

= 왜소해 보이는 우복희 씨. 그러나 강한 소신으로 독일 생활에 젖어들면서 문화의 차이를 극복하여 행복한 가문을 이뤘다. =

프랑크푸르트 시내 한복판에 있는 공원. 그 한쪽에 낮은 울타리가 쳐진 한국 정원이 있다. 물안개 피어오르는 아침 정원으로 들어서자 정자각 두 발을 담근 연못에 연꽃이 한창이고, 주변에 무성한 풀 나무들이 생기를 뿜고 있었다.

우복희 정방지 두 여인이 한국 정원 안 건물과 주변 길을 청소하는 동안 필자는 천천히 정원을 둘러보았다. 두 사람은 자원봉사자로, 정해진 때에 청소를 한다고 했다.

"지 같은 사람 머 소개할 사연이 있겠는교?"

아직도 강한 억양의 경상도 사투리를 쓰는 우복희 씨는 소녀처럼 수줍음을 탄다. 금방이라도 달아날 것 같아, 정원을 떠나 곁에 있는 프랑크푸르트 대학 캠퍼스 노상 카페로 자리를 옮겨서 마주앉았다.

독일에는 언제 오셨느냐는 물음에 우복희 씨는 거침없이 "1966년 4월에 3년 계약 간호사로 입국하여 1968년에 독일 남자 슈미트와 결혼하여 아이 셋을 낳아 살고 있다."고 단숨에 자기소개를 했다. 소녀 같은 수줍음이 얼굴에서 가셔지고 작은 체구답지 않게 당당했다.

독일에 오신 동기는요?

나는 어려서부터 할아버지 할머니의 권위적인 말에 순종하지 않아서 늘 "왜?" 혹은 "아니요."에 익숙했다. 그래서 조부모로부터 "검은 양 속에 흰 양"이라는 핀잔을 받았다. 이런 생각이 내내 자신을 지배하고 있었고, 독일은 왜인지 '권위 의식이 없는 합리적인 나라일 것'이라는 인식이 자리 잡고 있었다. 파독 간호사 모집 광고가 나왔을 때 주저 없이 지원하여 독일 땅에 첫발을 내딛었다.

독일에서 어려움이 있었다면요?

누구나 그랬겠지만, 언어 소통에 어려움이 컸다. 솔직히 내게는 독일어가 어려웠다. 게다가 말수가 적은 내 성격 탓도 있었지만, 사람들과의 접촉에도 익숙하지 않았다. 그런 중에 슈미트를 만났다. 그의 성격 역시 나와 비슷하여 말수가 적었다.

슈미트(Volker Kare Schmidt)가 마치 귀한 보석 같은 사람인데, 어떻게 만났어요?

내게는 정말 보석 같은 사람이다. 옛 동독 출신으로, 한국어 3학기를 배우는 학생 신분이었고, 한국어에 익숙해 있었다. 그는 이미 동독의 대학에서 러시아 프랑스 영어와 같은 각국의 말을 유창하게 구사할 만큼 여러 나라 말에 익숙했다. 내가 '한국의 역사와 문화의 도시 경주 출신'이라고 소개하자, 그는 익숙한 한국어로 나도 모르는 한국의 역사, 특히 불교에 대해서 말해줘서 깜짝 놀랐다. 나는 집이 경주 석굴암 부근이었고, 어려서부터 스님의 이야기를 듣고 자랐다는 말을 듣더니 그의 눈빛이 호기심으로 빛났다. 그 뒤부터 그는 내게 불경(바이블)을 타자 쳐서 보내왔고, 내게는 그런 슈미트가 성자처럼 느껴졌다.

결국 그 성자가 복희 씨를 선택한 셈이네요.

(필자의 말에 우복희 씨의 얼굴이 또 소녀처럼 붉어졌다. 필자는 그녀가 불교 신자인지는 묻지 않았다.)

독한 가정이면 좀 드문 예인데, 이질적인 문화 차이를 어떻게 극복했나요?

남편 집안과 우리 집안은 근본적으로 윤리 도덕의 차이가 없다고 본다. 유럽문화와 동양문화의 차이를 말하기 전에, 독일인과 한국인, 혹은 인간 대 인간 관계를 먼저 생각하면 별 차이 날 것이 없을 것이다. 특히 우리의 경우에는 그랬다.

슈미트에 관해서 좀 더 들려주세요.

그는 학문적인 토론을 즐겨하는 사람이다. 나는 그의 도움으로 1970년대 학생 변혁운동 시기에 공부를 시작했다. 그는 한국어와 함께 역사 문화에 깊은 관심을 가졌기 때문에 서로 공통된 문제에 호기심을 가지고 공부했기 때문에 서로에게 큰 도움이 되었다. 그 당시 각별한 기억으로, 1972년 프랑스에서 민권운동가 콘벤디트가 우리 마을, 우리 집으로 망명하여 남편과 유치원을 함께 운영한 적이 있었다. 한때 절친 동지였으나 이론과 현실적인 견해 차이로 몇 해만에 각기 제 갈 길을 갔다.

부부 사이가 얼마나 좋은지 예를 들어주세요.

아들이 함께 있을 때였는데, 내가 그에게 커피 잔을 집어던지며 화를 낸 적이 있었다. 슈미트는 말없이 옷을 입고 밖으로 나갔다. 한참 뒤에 공중전화에서 전화를 걸어와 "나랑 산책하실까요?" 하고 말을 건네는 것이었다. 반응이 이러니 이제 더 짓궂은 시험 따위는 하지 않기로 마음먹었다. 반응이 없는 사람. 화 낼 일에 말을 삼가 화낸 사람을 도리어 숙연하게 만드는 사람이다.

고향 이야기를 좀 더 들려주세요.

아버지는 초등학교 교장 선생님이셨는데, 엄마의 건강이 좋지 않아서 요양할 셈으로 석굴암 부근에 집을 짓고 살았으나 얼마 안 가서 엄마가 세상을 떴다. 내게는 목탁 소리에 젖어 불국사 층계를 오르내리면서 그림을 그리던 기억이 아직도 생생하다.

한국 고향에 가고 싶지 않나요?

고향을 떠나온 지 50년이 넘었지만 35년 만에 딱 한 번 고향에 다녀왔다. 이미 어른들은 세상 뜨고 없었다. 아버지 산소 비석에 '맏딸 우복희'와 '사위 슈미트'가 새겨져 있다. 기자들이 내 사연을 듣고 나를 찾아와 취재를 요청했지만 거절하고 창피하여 숨어 다녔다. 지금은 우리 집이 헐려서 자취도 없으니 더 이상 고향에 가고 싶지 않다. 다행히 막내딸이 한국에서 한 5년 살다 왔는데, 엄마를 대신하여 서울 경주를 오가면서 딸 노릇을 충실히 하고 돌아왔다.

자녀 교육에 관해서 한마디 들려주세요.

내가 남의 간섭을 싫어하고 스스로 제 갈 길을 선택했던 것처럼, 아이들에게 무엇을 하라거나 되라거나, 어떤 가르침도 말하지 않았다.

책 읽기를 좋아하는 우복희. 그녀는 각별히 루 안드레아스살로메(Lou Andreas-Salomé)를 좋아한다. 동시에 니체, 릴케, 프로이트 등

당대 유럽 최고 지성인들에 대한 관심이 많았다. 그들의 저서를 읽는 일에 여념이 없다. 그녀가 한국 정원 청소 자원봉사로 일하고 얻는 것이라면 시청에서 제공해주는 문화공연 표 때문이란다. 그녀의 취미는 독서를 넘어 문화 공연까지 끝이 없는 셈이다.

우복희 슈미트 부부가 행복한 가정을 이루고 사는 이유를 나름 정리해보았다. 맑고 성숙한 영혼을 위해 예술 역사 철학 등의 문제를 탐구하거나, 자신을 수양하며 사는 부부이기 때문에 가능한 일인지도 모른다.

만난 사람 (2)

파독 광부가 남자 간호사가 되어 의료 가문을 이뤘다

● 윤영탁 ● 편

아내와 함께. 일정한 날을 정해서 이런저런 담소를 나누며 시간을 보낸다.
풍물패에서 놀이가 끝난 뒤 동료들과. 한마음회관에서 담소하는 윤영탁 씨(맨 오른쪽).

= 험한 독일 사회의 파고를 넘은 작지만 단단한 모습이다. 자녀들은 모두 의료 가족이 되었다. =

필자가 에센에서 제일 먼저 찾아간 곳이 에센 지역 친목의 집 '한마음 회관'이었다. 이 지역 교민들이 모여 있어서 인사를 나누고 함께 저녁을 먹으면서 담소하다가 날이 저물녘에 헤어졌다. 필자는 윤영탁 선생을 인터뷰하기 위해 그의 승용차에 올랐다. 윤 선생님은 집에 가기 전에 잠깐 그의 농장에 들렀다. 한국으로 치면 주말농장 같은 곳인데, 2백 평 남짓으로 꽤 넓어 보였다. 필자도 어설픈 재주로 주말농장을 하던 터여서, 어림잡아 종일 일해도 모자랄 만큼 넓어 보였고, 비교적 깔끔하게 정돈되어 있었다. 부지런한 광부가 부지런한 농부도 될 수 있을 거라는 생각을 잠시 했다. 밭에는 한국에서 만날 수 있는 상치 쑥갓 오이 토마토 도라지 등이 한창 무성하게 자라고, 자두나무 사과나무 서너 그루가 서 있었으며, 사과가 막 익어가고 있었다. 두 사람은 서둘러 수확한 뒤 집으로 돌아왔.

야채 봉지를 조용하고 후덕하게 보이는 아내에게 건네주고, 거실에 마주 앉았다.

독일에는 어떤 계기로 들어오셨나요?

1966년도에 제대하고, 1970년도에 결혼했다. 신혼 때는 매해 이사를 다녔지만, 1975년에 정비사로 일해서 월급이 괜찮았다. 그래도 내가 가진 이 정도 기술이면 어디 가서 뭘 해도 먹고살 수 있을 거라는 자신감에 독일 파견 근로자 모집에 응시했다. 3천5백 명이 지원하여 합격자가 되어 1976년에 독일에 들어왔다. 초기에는 노동자가 해외에 나가서 국위를 실추하면 안 된다고 하여 학력이 높은 사람들을 위주로 선발했는데, 광부 일을 못하고 공부를 하려는 사람들은 갖은 방법으로 미국 캐나다, 아니면 독일 이웃 나라로 옮겨갔다. 그래서 많이 배우지 않은 사람을 보내자고 정책이 바뀌는 바람에 나 같은 이도 들어오게 된 것 같다.

광부로 오셨는데, 얼마나 고생하셨는지 들려주세요.

누구나 제 입장에서 하는 말이긴 하지만, 우리 광부들 사이에 제일 힘든 광산으로 알려진 레클렝하우징이 있는 체케 에발트 광산에 배정되었다. 그 광산은 평지가 아닌 경사가 큰 갱도 막장에서 석탄을 캐야했다. 흙과 석탄이 떡시루처럼 층을 이루고 있어서 석탄 맥을 따라 갱도를 가설하면서 캐기 때문에 항상 위험이 도사리고 있는 광산이었다. 거기다 사주가 작업 양을 할당하여 작업량을 다 채워야 90마르크를 줬다. 이를 도급제라고 하나? 우리 체질로는 종일 죽어라 일해도 20마르크 양밖에는 채우지 못했다. 이런 불합리한 도급제에 반발하여 병가를 내기 일쑤였다. 병가를 내도 90마르크를 주거든. 이렇게 되자 사주는 병가가 많다고 경고장을 주며 협박했다. 그때는 기숙사 별로 한인회가 있었는데, 한인회 회장을 중심으로 불합리한 노동 조건을 개선해 달라고 건의서를 냈다. 이렇게 되자 사주는 계약을 해지하겠다고 협박했다. 그렇게 되면 우리 광부는 노동, 체류허가가 동시에 해지되어 귀국해야 하니 들고 일어날 수밖에 없었다. 사태가 벌어지자 대사관에서 황급히 나와 개선은커녕 "아무 소리 말고 일해라" "누구든 나서다 찍히면 당한다." 와 같은 말로 달래기에 급급했다.

광부 생활에서 가장 어려웠던 점이라면요?

1979년 겨울, 광산에서 사고가 나서 나는 크게 다쳤다. 꼼짝을 못하고 7주간 누웠는데, 참담했다. 이대로 죽거나, 병신 되는 것은 아닌가, 별의별 생각이 다 들었지. 그렇다고 집에 사고 소식을 알릴 수도 없고, 정말 암울한 나날이었지. 다행히 경과가 좋아져서 퇴원해서 6주 재활치료를 받았지만 그렇다고 다시 일을 할 수가 없어. 사고가 나서 그동안 벌어놓은 돈도 다 쓰고, 계약 기간은 다되어가고…… 그러던 중 가톨릭 세미나를 가는데, 바로 그날이 1979년 10월 26일, 박정희 사망 소식이 날아들었다. 이제 이 일을 추진했던 장본인이 죽었으니 우리의 앞날은 암담해진 셈이었다. 이때 광부들이 나서서 서명운동을 벌여, 결국 독일 체류허가가 나왔다. 한국의 정치 상황 때문에 도의상 강제 귀국조치를 못하고 체류 허가를 내준 것 같았다.

지금까지는 초기의 독일 광부 생활을 말씀하셨는데, 그 뒷이야기를 더 들려주세요.

1980년 9월에 광부 파견 계약이 끝났다. 운 좋게 독일 병원에 남자 간호사로 일할 기회를 얻었다. 1980년 12월 1일부터 2008년 11월 30일까지 28년 동안 직장생활을 했다. 간호사가 되었을 때 기숙사에서 생활을 하게 되었고, 이제는 가족을 초청할 여건이 되어서 한국에 남아 있는 아내와 아이들을 초청했다. 두 아이를 입학시키고, 당장 집을 얻으려니 학구 안에서 집을 구할 수 없었다. 독일은 학구제인데, 교장 선생님을 찾아가 집 좀 얻어 주거나 학구를 옮겨달라고 사정하여 겨우 집을 얻었다. 그 집에서 13년을 살았다. 아이들이 커서 대학 다니게 되니 방이 좁아 도저히 안 될 것 같았다. 집값이 한창 오를 때였는데, 집을 사기로 작정했고, 은행에서 이자 없이 3만 5천 마르크를 대출받아 집을 샀다.

말씀으로 들으니 광부 시절보다 간호사 시절부터는 힘드시지 않은 것 같네요.

말을 안 해서 그렇지, 작정하고 사연 늘어놓으면 왜 힘들지 않았겠는가.

그렇다. 필자는 대개 비슷한 광부들의 이야기를 듣다 보니 어느새 고생은 좀 되었지만 쉽게 정착한 것으로 무덤덤해졌던 것이다.

고향 이야기 좀 들려주세요.

경기도 용인군 원삼면 미평리, 미륵이 있는 들 마을이었다. 가난했던 아버지가 일찍 돌아가시고, 외가로 옮겨 살았다. 호적을 미루는 바람에 열 살이 되어서야 초등학교에 들어갔다. 중학교는 미국 선교시기 세운 농민기술학교를 다녔고, 용인중고등학교 입학 원서를 마지막 날 썼는데, 원서비가 없어서 접수를 못할 처지가 되었다. 울면서 운동장을 걸어 나오는데, 선생님이 불쌍하게 보았던지 불러서 원서비를 대납해줘서 고등학교에 입학하고 졸업도 했다. 나는 정말이지 가난이 죽도록 싫었다.

자녀들이 초등학교 때 여기를 왔다면 독일 적응에 어려움이 있었겠어요. 자녀 교육에 대해서 들려주세요.

두 아이가 쉽게 독일 생활에 적응한 것 같다. 부모의 어려움을 알아서 아이들이 바르게 커준 것이 대견하기만 했다. ……지금 두 애는 의사가 되어서 큰 애는 보훔 대학 내과과장, 작은애는 뒤셀도르프에서 신장전문의로 일하고 있다.

독일에 와서 부자가 되었나요?

부자? 살다 보니 부자로 살거나 가난하게 사는 것은 별로 중요하지 않은 것 같더라. 얼마나 만족해하며 사느냐가 중요하지.

요즘은 어떻게 지내십니까?

풍족하지는 않지만 연금 받아서 생활하고 있다. 농장에서 일도 하고, 친구들을 만나 담소하며 지낸다. 가끔 애들이 여행 보내주면 해외 바람도 쐬고 산다. 한마음회관에 나가서 담소하고, 6.15 관련 모임에도 나가고, 가끔은 보훔에 있는 민중문화모임에 나간다.

지금은 가족들도 번성했지요?

두 아들들이 모두 장가를 들어서, 큰애는 딸 하나를 뒀고, 작은아들은 아들을 둘 낳아 잘 살고 있다.

만난 사람 (3)

광부 간호사의 전형적인 가정으로 독일 사회의 일원이 되었다
● 박상진, 송순희 ● 편

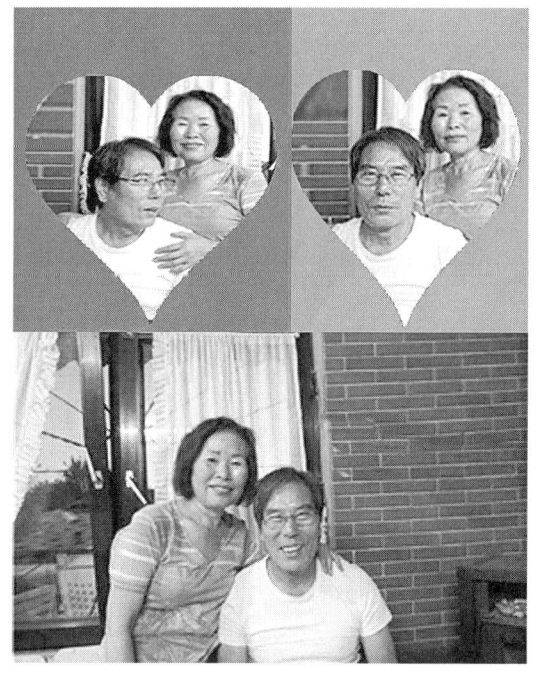

= 낮에 들판에 나가 일을 마치고 돌아와 호롱불 아래 오순도순 앉아 담소를 나누는 다정한 부부의 모습이 보기에 좋았다. =

에센 지역 강연과 토론이 진행되는 동안 열심히 경청하고, 유난히 다정해 보이는 박상진 송순희 부부에게 인터뷰 부탁을 했더니 별 망설임 없이 응했다. 한마음회관에서 글쓰기 토론회가 끝난 뒤에 마련된 저녁 식사가 끝나고, 이것저것들을 치우는 시간이 되었다. 두 부부는 비교적 젊은 편에 속해서 그런지 두 팔을 걷어붙이고 설거지하기에 여념이 없었다. 실제, 인터뷰에 선뜻 응하는 예는 많지 않았다. 먼저, 일을 금방 마치고 돌아온 박상진 씨와 대화를 나눴다.

고향 이야기 좀 들려주세요.
충남 천안이 고향인데, 지금도 고향에는 조카들이 살고 있다. 이번에 오랜만에 고향에 들어갔다고 오기로 했다.

그러면, 고향에 아직 부모님이 생존해 계시나요?
내가 9형제 중 막내인데, 부모님은 오래전에 돌아가셨고, 맏형이 얼마 전에 세상 뜨셨다. 형의 부고를 받고 마치 하늘에서 별이 떨어진 것 같은 충격을 받았다. 그는 내게 아버지 노릇으로 학비를 대주고 알뜰하게 뒷바라지를 해줬던 형님이었는데…… 이제 3형제만 남고 다 세상 떠났다.

독일에 오신 동기와 이곳 생활에 대해 좀 들려주세요.
1967년에 베트남전쟁에 파병되어 24개월 참전하고 돌아왔다. 마침 1971년에 해외개발공사가 추진한 노동자 파견 3년 계약으로 독일에 들어왔다. 보트로프 시에서 3년을 광부로 일했는데, 광부는 내게 신체적으로 맞지 않아서 철강회사로 옮겨서 근무했다. 내게는 전기 분야를 포함하여 기계를 다루는 기술이 있었다. 용광로를 설치하는 회사였는데, 주로 출장 근무를 많이 했다. 어느 땐가 한국 광양제철로 파견을 갈 기회가 생겼다. 한국에 가면 독일인 월급이니 큰돈을 벌 수 있는 매력이 있어서 잠시 망설였지만, 고심 끝에 한국으로 들어가는 것을 포기하고 독일에 남는 길을 택했다. 회사에서 일할 때 내가 눈썰미가 있어서 비교적 일처리를 잘하는 편이었는데, "한국 사람들이 눈썰미가 있어서 일을 잘한다."는 칭찬을 늘 받고 살았다. 이것도 지나고 보니 한국인의 당당한 자부심인 것 같다.

퇴직 후 독일인을 상대로 하는 레스토랑을 4년 3개월 정도 했는데, 그런대로 성공한 것 같다.

독일 생활, 어려움이 있었나요?

언어 장벽이 있어서 좀 불편하기는 했지만, 곧 대화에 어려움이 없이 지냈다. 한국에서의 성장 과정이 너무나 어려웠고, 지독하게 못 살던 시절에 고향을 떠나와 그에 비하면 지금 사는 것이 모두 풍족하고 만족스럽다. 항상 고향을 그리워하면서 살았기 때문일까, 당시 독일 생활이 크게 어렵다고 느끼지는 않았다. 지금도 그 생각은 바뀌지 않았다.

현재의 하시고 싶은 일은 뭡니까?

내 나이 71세이다. 남은 꿈이란 건강하게 사는 것이고, 특히 온 가족이 화목하게 사는 일이다.

장차 하고 싶은 일이란?

독일에 거주하는 독거노인 돌보는 일에 봉사하고 싶다. 이는 앞으로 우리가 서로 힘을 모아서 해야 할 일인 것 같다. 나도 먼 훗날 독거노인 신세가 될지도 모르지 않는가? 앞으로 우리 노인회가 결성되고 지회가 결성되면, 이들에 대한 작은 재정 뒷받침으로도 가능한 일이라고 본다.

이어서, 설거지를 마치고 자리에 마주 앉은 부인 송순희 씨에게 물었다.

고향은 어디며, 부모 형제는 지금 어디 계신가요?

논산 연무읍이 고향이다. 부모가 6남매를 뒀으나 둘째 여동생 둘만 남았을 정도이니 단명 집안이다. 거의 50살 전후해서 죽었기 때문에 실은 나도 불안했다. 우리 부모는 어려서부터 자식들을 엄하게 키웠다. 심지어 친구 집에서 잠을 자는 것은 상상도 못하고, 음식조차 먹지 못했다. 그에 비하면 어머니 쪽으로는 장수 집안으로, 할머니는 90세의 나이에도 사서삼경을 외웠다.

독일에 온 동기는요?

21살에 간호사로 독일에 왔다. 좀 쑥스러운 자랑 같지만 학창시절 공부를 잘했다. 가정 형편도 당시 기준으로 좀 넉넉한 편이어서, 일찍이 해외여행을 다녔다. 당시 나는 조선대학교 병원 재중병원에 간호사로 근무하고 있었는데, 독일로 가는 과정을 아버지가 나서서 거들어 주셨다. 아버지는 일찍이 해외에 나가서 돈을 버는 일이 국익에 도움이 된다고 여긴 것 같다.

현재의 삶에 대해 만족하신가요?

지금 내게는 여기가 제2의 고향으로, 늘 만족스럽다. 간호사 시절에도 인생 목표는 늘 즐겁게 사는 일이어서, 농담을 해가면서 늘 즐거운 마음으로 환자를 간호했다. 지금도 그 생각은 바뀌지 않았다. 기분 나쁜 일이 있어도 항상 즐겁게 살아가는 방법을 따로 익혀가며 살았다. 사람은 지금 이 시간이 행복해야 한다. 그래서 오늘도 좋은 하루 되어야 하고, 행복해야 한다고 생각한다. 교수님도 지금 행복하시기 바랍니다.

네, 감사합니다. 이제 두 분에게 동시에 여쭙습니다. 대답은 어느 분이 하셔도 좋습니다.

현재 독일의 가족은 어떻게 지내나요?

우리 부부, 딸 둘 아들 하나 3남매를 뒀다. 큰애는 메이크업, 미용일을 하고 있고, 사위는 의료회사 매니저인데 손자를 뒀다. 가정이란 나무를 심어서 그 나무를 키워 그늘이 생기고, 새가 날아와 둥지를 트는 일과 같다고 생각한다. 이제는 그 나무들이 다 자랐다. 이제부터 자식들은 자식들의 삶이 있고, 우리의 삶은 따로 있다고 본다.

현재 두 분께서 하시는 일은 뭔가요?

낯선 독일 사회에서 힘겹게 살아왔고, 사느라 바빠서 이곳 한마음 회관에 나오지 못하다가 몇 년 전부터 나오기 시작했다. 여기서 우리가 할 만한 일이 있으면 열심히 봉사하면서 살아가고 있다.

혹시, 두 분은 한국에 돌아가고 싶은 생각은 없으신가요?

낯선 독일에 적응하기 위해 고생하고 살았는데, 한국에 왜 가요? 여기도 살기 좋은데.

한국에 돌아가 편안하게 노후를 즐기시는 분들도 많던데요?

그래요? 어디서 살거나 사람 사는 게 다 거기서 거기지 뭐.

말의 행간으로 보아 두 부부는 한국 사람들이 행복하게 산다고 생각하지 않는 것 같았다. 지금, 두 부부는 어느 누구보다 행복해 보였다. 행복이란, 두 사람 중 한 사람만이라도 '지금 행복해야 한다'고 생각하면 두 사람이 행복해질 것 같았다.

감사합니다.
두 사람, 건강하시고 행복하세요.

만난 사람 (4)

독한 가정에서 미술에의 열정을 꽃피우다
● 황수잔, Suzan Hwang ● 편

작업장에 서 있는 황수잔. 그녀는 미술 속에 있을 때 진정 행복하다고 말한다.

= 독일에 들어와 독일인을 만나 예술에의 꿈을 이룬 그녀는 세상의 귀한 것을 모두 얻었다. =

황수잔 씨의 직업은 예술가이자, 미술 음악 영화의 평을 다루는 사람이었다. 프랑크푸르트 교외에 있는 작은 도시로 찾아갔다. 여름비가 짧게 내리다 그쳐서 아늑한 도시는 비안개에 젖어 금방이라도 날아오를 듯 산뜻했다. 약속한 카페로 들어서니 내가 상상했던 분위기 - 엷은 조명 속에 조용한 독일의 교향곡이 흐르고 있었다.

한국에서 하신 일은 무엇입니까?

대학에서 응용미술을 했다. 대학을 졸업하고 고등학교 미술 교사가 되었지만 내 안에 공허감이 자리 잡았고, 생활이 늘 불안하고 초조했다. 종교생활로 이를 치유하고 달래보기도 했지만 공허감을 떨칠 수 없었다. 이는 마치 식물이 자라는 데 영양분이 필요하듯이 내게는 가족의 사랑이 부족했던 데 원인이 있는 것 같다.

한국의 가족에 대해 묻고 싶은데, 숨기고 싶은 가족사라면 굳이 말씀 안 하셔도 됩니다.

나를 소개하려는 글이니 굳이 숨길 것은 없다고 본다. 부모의 이혼으로 아버지는 일본으로, 엄마는 한국에서 각기 떨어져 살았다. 그 틈에 있는 나는 엄마와 아버지 사이를 오가면서 생활했지만 혼자서 지내는 날이 많았다.

성장기를 지나면 그런 아픔들이 일정 부분 극복되지 않나요?

나는 어머니와의 관계가 가까워질 수가 없었다. 내가 엄마를 만났을 때 내 불만을 털어놓으니 엄마가 "너는 착하고 순종적인 애였잖아." 하는 것이었다. 순종 뒤에 숨어 있는 아픔을 어떻게 설명할 수 있을까. 서울에서 대학을 졸업하고 교사 생활하면서 좀 나아졌다. 지금 돌이켜보면 걸 스카우트, 4H, 교회 성가대 등 대외 활동을 부지런히 했다. 그렇지만 나는 채울 수 없는 외로움으로 괴로워했다. 그리고, 한국 사회에 만연한 권위적이고 명령조인 사람들이 싫었다. 또, 나를 나타내는 일을 못하거나, 하고 싶은 말은 많은데 못하게 되면 벙어리나 다름없었다. 이는 유령의 생활이나 마찬가지였다. 한국을 떠나온 이유는 주로 이런 것들이었다.

이곳 독일에 오신 동기에 대해서 말씀해주세요.

여전히 한국의 이야기다. 세월이 가면서 주위 사람들이 결혼했다. 주변에서 중매를 하겠다고 나섰지만 나는 어떤 조건의 사람도 내키지 않았다. 문득, 나는 미국에 가고 싶었고, 생각한 것이 미군 장교들의 초상화를 그리는 일을 했다. 그들과 소통하다 보면 미국 가는 길이 열릴지도 모른다는 좀 황당한 발상이었지만, 뜻밖에 흥미가 있었다. 지금 생각해보니 내가 그림을 그릴 수 있다는 것이 행복했고, 모델이 즉시 만족해하는 반응에 보람을 느꼈다. 그러던 어느 날, 아버지의 사촌이 일본에서 살았는데, 일본에 들어오면 어떻겠느냐는 제안이 왔다. 새로운 땅의 새로운 생활에 마음이 내켜서 망설임 없이 일본으로 건너갔다.

일본 생활은 만족스러우셨나요?

무엇보다도 정신적으로 안정이 되었다. 일본의 어느 카페에서 지금의 독일인 남편을 만났다. 나를 소개하는 과정에서 내 지난날의 외롭고 고통스럽던 생활을 고백했는데, 그는 내 사연을 듣고 슬퍼해줬다. 나는 지금의 남편을 만나 해묵은 마음의 병을 치유했다고 본다. 마치 연못에 돌을 던지면 가라앉았던 흙먼지가 솟아 올라오듯, 내 안에 쌓였던 많은 아픔들이 한꺼번에 올라왔다. 그 앙금을 바깥으로 드러내는 것이 곧 치유였다. 내가 한국에서 오랜 세월 동안 자폐적인 생활로 닫혀 있던 마음 문이 비로소 열리게 된 것이다. 자신을 아껴주는 사람이 있어서 세상을 살아갈 힘이 생겼다. 이는 마음의 안정과 함께 내가 그 남자와의 미래를 결정하는 날이 되었다.

독일은 언제 들어오셨습니까?

1987년 10월 말에 들어왔다.

독일에서는 주로 무슨 일을 하셨습니까?

1988년부터 독자 기고를 위한 글쓰기를 시작했다. 글쓰기를 하다 보니 말을 못하다가 말을 하면서 스트레스가 풀리듯, 글쓰기도 내 마음에 안정을 가져다주었다. 글을 쓰려니 여행하면서 그림과 음악을 만나고, 이런 느낌을 글로 쓰는 일을 했다.

앞으로 하시고 싶은 일이 있다면 어떤 것입니까?

나는 여행을 좋아한다. 여행을 하면서 미술가 음악가들의 이야기를 취재하고 그들의 미술 세계와 음악 세계를 나름 풀어서 쓰는 일이다. 내 조국 내 고향이 아닌 항상 낯선 땅을 유목민처럼, 바람처럼 자유로운 영혼으로 살고 싶다.

제가 황 선생님을 소개 받을 때 미술을 하는 사람이라고 들었는데, 한국에서는 미술 공부를 하셨습니까?

한국에서 응용미술 산업디자인을 전공했지만 서예 동양화 한국화 등의 기초 공부를 했다. 이렇게 배운 것들을 그림으로 표현을 했는데, 이곳 사람들은 이색화로 보더라.

그 '이색화'에 대해서 들려주시지요.

나는 여행지에서 몇 백 년 묵은 건물을 마주할 때마다 거기서 옛사람들의 모습과 그 지역 사회의 역사가 눈에 들어왔다. 낯선 동양의 내가 서양의 역사 문화 앞에 서 있듯이, 그 건물에 한국의 역사와 문화를 접목시키는 상상을 자주 했다. 이를 테면 그 건물에다 한글의 붓글씨, 또는 한국의 역사 문화를 접목했다. 그러다 보니 산업 디자인도 아닌 독특한 형상의 그림이 되었다. 이 그림에는 서구 유럽 특유의 침울했던 색들이 살아나고 밝게 빛나기 시작했다. 마치 음악을 통한 심리치료가 있듯이, 미술을 통한 심리치료의 효과를 스스로 체득하는 순간이었다. 이런 느낌이 내게만 머물러 있다면 자아도취겠지만, 이곳 사람들도 공감하고 있다.

짐작이 가는군요. 말 나온 김에 자신의 그림 세계에 대한 특징에 대해 말씀해주세요.

내가 앞에서 말하지 않은 중요한 것이 있다. 내 몸은 광활한 서유럽 독일 땅에 있지만 내 정신은 한국, 특히 고향 제주도에 머물러 있다. 고흐가 왜 그런 그림을 그리게 되었는가? 그의 그림에는 고향의 삶의 정서가 배어 있고, 이야기가 살아 있다. 나는 지금 먼 땅으로 여행을 와서 산책을 하면서 여행기를 쓰고 있으며 미술을 하고 있다. 내 그림 속에는 한국적인 소재들과 고향의 소재가 불쑥불쑥 뛰어든다. 이곳 사람들은 한국과 달리 이런 응용 미술에 대해 매우 흥미 있어 한다.

그림에 대해 문외한인 저의 어설픈 짐작인데, 그 그림은 실험적이거나 추상화라고 보아야 합니까?

아마 그럴 것이다. 화가는 사실화를 그렸지만 이를 보는 사람들은 실험적인 추상화로 보는 것 같다. 서양 사람들에게 동양 문화는 아직도 낯설기 때문이 아닐까.

독일인 남편도 황 선생님의 그림에 대해 이해를 해주십니까?

물론이다. 그러기 때문에 우리는 함께 인생 여행도 할 수 있는 것 아닌가.

들을수록, 두 사람의 삶이 형이상학적입니다.

천만에! 우리 부부의 삶이 그렇게 복잡하거나 무겁지 않다. 밀란 쿤데라의 '참을 수 없는 존재의 가벼움' 처럼 평범한 삶을 살아간다.

장차 독일에서 하시고 싶은 일은 무엇입니까?

나는 한국에 있을 때부터 내 근본적인 삶에 대해 끊임없이 이런 질문을 하고 대답해왔다. 여자로 된장국만 끓이다 죽었다는 것이 진정한 삶인가? 그렇다면 내가 지금 무엇을 할 수 있는가. 답은 이러했다. 죽을 때, 추억거리가 많은 삶을 살아야 한다고. 그래서 쉴 틈 없이 열심히 작업을 하고, 책을 읽거나 글 쓰는 일을 한다.

만난 사람 (5)

한국과 독일을 오가며 자연분만의 전도사가 된 억척 인생
• 이복남 • 편

이복남 여사의 저서, 이 책은 자신의 조산 경험 기록과 함께 자연분만을 위한 안내서이다.

= 이복남 여사는 파독 간호사 출신이지만, 독일 생활 25년을 청산하고 한국으로 귀국하여 출산 장려 및 자연분만 유도 홍보 관련 일을 하는 특이한 경우이다. 필자가 이복남 여사를 전주 한옥마을에서 만났다. 전에 만났던 구면이어서 서로 반겨 맞이했다. =

오랜만입니다. 건강하시지요? 어떻게 지내고 계십니까?

보다시피 다리에 기운이 좀 빠져서 그렇지 건강해. 아직 외부에서 강의 초청이 오면 가끔 가고.

먼저, 독일은 언제 가셨지요? 그 이야기부터 들려주세요.

독일에 사는 분들이 보는 신문에 나오는 기사라니, 간단히 말씀드릴게. 나는 1945년 7월 서울청파여학교를 수료하고, 1947년 7월 전주도립의원 간호부양성소를 졸업했어. 1948년 10월에 한국 최종 조산원 국가고시가 있었는데 최연소자로 합격했지. 1956년부터 독일 가기 전인 1971년 7월까지 전주에서 조산원을 운영했어. 서독 연방정부 초청으로 독일에 들어가 처음에는 두이스부르그 빈센츠 호스피탈(duisburg vincenz hospital) 분만실에서 근무하다가 1975년에 노트라인 베스트화렌 주정부 조산원 전형에 합격해서 1987년 10월부터 1995년 10월까지 Stadtkrankenhaus Soest 분만실에서 근무를 했어.

기억이 정확하게, 일사천리네요. 먼저 독일에 들어가게 된 사연부터 듣도록 하겠습니다.

나는 안 아프거나 덜 아프고 애기를 낳게 하는 방법이 없을까? 이 문제를 늘 고민하며 살았지. 그러던 중에 정부의 간호사 인력 서독 수출 사업이라는 국가 프로젝트에 참여했어. 의학이 발달한 서구에는 그 방법이 있다고 생각한 거지. 나는 이 숙제를 풀기 위해 1971년 7월 27일, 3남매를, 이제 갓 돌이 지난 딸아이를 남편에게 맡기고 훌쩍 독일로 떠나버렸지.

독일 생활 정착 과정에 대해 들려주세요.

처음에는 빈센츠 가톨릭 병원 분만실 근무를 맡았어. 그러던 어느 날 인턴 의사가 거꾸로 나오다 머리가 걸린 아기를 붙들고 쩔쩔매는 모습을 보게 됐지. 나는 반사적으로 쫓아 들어갔어. 오른손 손가락을 입에 넣고 턱을 당기자 아이가 기적같이, 거짓말처럼 툭 튀어나왔어. 그렇다고 이는 위험이 따르는 모험이 아니었다. 한국 조산원 할 때부터 수없이 받아본 '거꾸리'였던 것이다. 그 소문이 퍼져나갔다. 그 뒤부터 난산(難産)은 항상 '프라우 리' 몫이 되었다. 어떤 때는 산모 배 모양만 보고도 태아의 성별을 맞혀 독일인들을 놀라게 하기도 했지. 나는 독일에 있는 동안 늘 그렇게 생각했어. 개인 '프라우 리'의 명성도 명성이지만 직업에 따른 사명감도 중요하다고.

처음 독일 생활에서 어려움이라면요?

의사소통이 안 되는 답답함이지. 매일 1시간씩 독일어 강습을 받으며 거의 독학으로 말과 글을 익혔어. 병원의 산실에 성미 고약한 늙은 선배가 일부러 마구 흘려 쓴 글씨로 환자들의 서류를 작성해 놓고 정리를 시키고…… 언어가 서툴렀던 당시로는 시달릴 수밖에 없었지. 고약한 선배를 주눅 들게 한 사건이 있었어. 앞에 이야기와 좀 비슷하지만, 어느 독일의 임산부가 아기발이 질 밖으로 나와 있는 상태로 병원에 실려 왔어. 골반 위 정도였기 때문에 내가 해낼 자신이 있었는데 내게 일을 맡기지를 않는 거야. 그때 독일 의료진들이 1kg나 되는 모래주머니를 아이의 발에 매달아 놓고 기다리다 안 나오니까 점심시간이라고 나가버리는 거야. 내가 보다 못해 진통촉진제를 투입하고 천천히 진통에 맞춰 잡아당기다 머리가 나오질 않아 손가락을 아이의 입에 넣고 바짝 가슴속으로 잡아당겨 결국 자연분만을 하게 했지. 의료진은 물론 병원 사람들 모두를 놀라게 한 사건이었지. 그 뒤부터 병원에서는 내가 있는 한 골반 위는 수술을 않게 되었지.

독일에서 또 다른 어려움이 있다면요?

그 사건이 있은 뒤부터 각고의 노력 끝에 조금씩 언어도 소통하게 되었고, 실력을 인정받기 시작했어. 그리고 무엇보다도 14개월 된 막내딸을 남겨두고 혼자 독일에 와서 생활한다는 것은 너무나 가슴 아픈 일이었지. 1주일에 두 번씩 꼬박꼬박 보내온 남편의 편지를 읽고 답장을 쓰면서 독일 생활의 외로움을 달래고 어려움을 이겨냈어. 그때 흘린 눈물도 한 바가지지.

한국에 남았던 가족들은 언제 들어왔어요?

5년 세월이 흐르니까, 기다리다 못한 남편이 애들 들쳐 업고 독일로 왔지.

독일 생활을 하면서 독일 사회에서 각별하게 느낀 것이 있다면요?

가난한 나라에서 온 내게 선진국 독일의 사회보장제도는 정말 부러웠어. 이런 천국 같은 세상도 있구나 싶었지. 그중에서도 애 낳는 여자에 대한 정부의 지원이 가장 부러웠어. 우리나라도 할 수 있다면 그렇게 해야 한다고 수없이 건의했지. 그 덕분에 개선된 것도 있고.

한국에 다시 들어오시게 된 동기는요?

어느 날 집에 놓인 한국 신문의 기사 제목을 보는 순간 털썩 주저 앉았어. '제왕절개 세계 1위!'라는 기사 때문이었지. 내가 태어난 조국에서 마지막 할 일이 남아 있다는 사명감에 불탔던 거지. 25년 독일 생활을 접고 1996년 훌쩍 귀국하게 됐지.

먹고 사는 걱정은요?

그건 돌아보지도 않았지. 뭐 산 입에 거미줄 치겠냐고.

한국에 들어오셔서 뭘 하셨어요?

귀국해서 자연분만과 출산장려 홍보에 혼신의 노력을 쏟아왔어. 내가 잘 알고 있는 것을 세상에 알리는 것, 그게 좋은 일 아닌가!

지금 사시는 곳은요?

전라북도 정읍시 산외면 화죽리. 시골에 들어와 집 짓고 사는데, 처음에는 작은 마을에서 텃새를 부리는 거야. 그래서 동네 사람들 밭에 가서 일도 해주고 그랬지. 생각해봐. 일 안 하던 사람이 일을 하니 손 여기저기 부르트고 온몸 안 아픈 데가 없어. 그래도 악착같이 일했지. 그러니 마을 사람들이 '감동 먹고' 텃세가 점점 사라지더만. 뭐 텔레비전에도 자주 나오고 하니까, 또 알아주기도 했고.

생애가 정말 당차게 보여요. 당차고 야무졌던 어린 시절에 대해 들려주세요.

순창에서 태어나 소학교를 마치고 중학교 진학을 위해 서울로 올라갔어. 일제시대였던 당시 남녀공학이던 학교에는 일본 아이들이 반 이상이더라고. 촌년이라고 무시하는 '일본 년'들한테 "니들은 섬 년들이니 너희 나라로 가라"고 머리끄덩이를 잡고 싸운 적이 있었어. 그때는 교장 선생님에게 꾸지람이나 듣고 말았는데, 기어이 사달이 났어. 일본 년들 꼬락서니가 맘에 안 들어서 학교 때려치울 각오로 그해 여름방학 때 흠신 두들겨 패주고는 집으로 도망 내려와 버렸지. 집으로 돌아온 딸을 보고 어머니가 소스라치게 놀랐지. 당시는 아무 일도 하지 않는 여자들을 무작정 잡아다 위안부로 넘기던 시절이었지. 나는 그날 밤으로 어머니의 지인이 있는 남원 도립의원으로 피신했어. 적십자 마크를 달고 있으면 잡아가지 않았기 때문이지. 1년 뒤 광복을 맞아 전주 도립의원 간호원양성소(현 전북대 간호대)에 입학하여 고등교육 과정을 마쳤어. 내가 졸업할 당시에는 '간호 고등학교'로 이름이 바뀌었어.

그렇다면 적십자 완장을 차고 있으면 일본군 위안부로 끌려가지 않는다는 소문을 때문에 2년제 간호학과에 들어가신 거네요.

그런 셈이지.

조산원 자격시험에서 최연소 합격하셨다는데요?

솔직히 나는 자격시험에 대해 별다른 관심이 없어 틈 날 때마다 좋아하는 정구와 배구에 빠져서 정신없었어. 어느 날, 친구들이 머리 싸매고 자격시험에 열중하는 모습을 보고 '이러다 혼자 낙오되겠구나!'

덜컥 겁이 나서 뒤늦게 공부에 매진해서 합격했어. 1948년 10월 남북한 공동으로 치러진 마지막 조산원 자격시험에서 18세 나이에, 최연소 합격을 했지.

그래서 열여덟 앳된 나이에 뭘 하셨나요?

햇병아리 조산원이라도 가슴에는 당찬 포부가 있었어. 바로 "더 많은 이들에게 도움을 줘야 된다는 사명감 같은 게 생겼지. 그때는 병원이 각 군에나 하나씩 있었기 때문에 의사가 되어 농촌에 어려운 사람들을 돕고 싶었어.

그래서 의사 도전을 하셨어요?

그랬지. 1950년 의대에 진학하기 위해 다시 서울로 올라갔어. 그런데 얼마 지나지 않아 6.25가 일어났고, 의사의 꿈을 포기하고 걸어서 집으로 돌아왔어. 전쟁이 끝난 1953년에 남북 문단에 유일하게 동시에 등단한 소설가 정창근 선생과 신접살림을 차렸어.

아, 소설가 정창근 선생님이요! 저도 잘 알고 있지요. 그분도 이 자리에 소개하겠습니다. 예나 지금이나 소설가는 가난한데, 어떻게 먹고 사셨어요?

1958년 전주 서노송동에 '산파 이복남 조산원'이라는 간판을 내걸고 조산원으로서 본격적인 활동을 시작했지.

전주 조산원 시절 이야기 좀 들려주세요.

조산원은 전주 시내에 있었지만, 밤이고 새벽이고 시도 때도 없이 문을 두들기는 건 봉동이니 용진이니 하는 촌에서 먼 걸음을 달려온 아기 아버지들이 대부분이었어. 애기 잘 낳는 사람들한테는 산파가 필요 없어. 애기 엉덩이가 보이다가 말다가, 다리부터 거꾸로 나오다 못 나오고 있는 것을 피부가 터지도록 잡아당기다가, 그래도 안 나오니까 날 찾아오는 거지. 몇 시간 산고를 치르다가 막판에 제발 산모만이라도 살려달라고. 나는 급한 외중에도 먼저 부엌에 들어가 솥뚜껑부터 만져봐. 끼니때가 넘었는데 솥뚜껑이 냉랭하면 하루 종일 아궁이에 불도 안 지폈다는 것이고, 밥 지을 양식도 없으니 산모 미역을 사다 놓았을 리가 없지. 그래서 항상 나는 호주머니에 미역 다섯 가닥을 살 수 있는 비상금을 가지고 다녔어. 일단 산모가 먹고 기운을 차려야 하니까.

조산원이 돈을 버는 곳인데요.
그렇지. 그래도 딱한 사람 돕는 것도 돈보다 중한 보람이지.

그동안 얼마나 많은 아이를 받아내셨나요?
가만 짚어보니까 한국에서 23년 동안 받아낸 아이가 1만 1천, 독일에서 25년 동안 받은 아이가 20여 개국에서 1만 5천여 명이니 48년 동안 2만 6천여 명은 될 거 같아.

분만에 관한 한 산전수전을 다 겪은 노장인 셈이네요. 대단하십니다. 요즘 젊은이들에게 하시고 싶은 말은요?

요즘은 자식이 셋만 돼도 주위에서 '어떻게 키우려느냐'며 난리다. 사회와 의식 변화로 독신주의자들이 늘어나고, 심지어 결혼하고도 아이를 갖지 않겠다는 사람들까지 나타나는 실정이다. 우리는 현실을 직시해야 한다. '대한민국 제왕절개 수술 세계 1위'는 부끄러운 일이다. 우리도 이제 뭐가 뭔지 정확하게 알고, 달라져야 한다.

한국에서 요즘 하시는 일에 대해 소개 좀 해주시지요.

이제 늙은 내게 '남는 장사'란 제왕절개를 유도하는 병원 사람들을 설득하고, 고통 없이 생명을 낳기 위해 제왕절개를 선택하는 산모들에게 경종을 울리는 강연을 하고 다녔어. 이것만으로 부족해서 『예쁜 아기 낳는데 통증은 무슨 통증』, 『자연분만은 아름다워라』 『이복남의 자연분만은 아름다워라』 등 세 권의 책을 냈지.

방송 출연도 잦으신 걸로 아는데요?

강연을 통해 '자연분만 전도사 이복남'이 세상에 알려지자 각 방송 매체에 단골로 초대되어 전국 여기저기 강연을 돌아다녔고, 신문 잡지 인터뷰가 넘쳐났지.

중이 제 머리 못 깎는다고 했는데, '프라우 리'는 아이를 어떻게 낳으셨는지 궁금해요.

나는 1남 3녀를 자연분만 했는데, 첫아이만 빼고 세 딸을 혼자 힘으로 낳았어. 중도 제 머리 깎을 수 있어.

요즘 한국 사회의 '저 출산 문제'를 어떻게 생각하세요?

나는 제왕절개보다 더 무서운 것이 있는데, 더 이상 생명이 세상에 태어나지 않는 것이다. 먼저 '미혼모에 대한 배려'가 중요하다고 생각해. 그리고 우리나라 한 해 낙태가 150만~200만 건이라는데, 낙태만 줄여도 출산율을 높일 수 있어. 또, 일하는 여성들이 아이를 가질 경우 장기간의 유급 출산휴가를 주는 업무까지 조정해 주는 선진국의 여성 사회복지제도를 배워야 한다고 생각해.

산모에게 각별하게 부탁할 말이라도 있나요?

독일에서 아이를 받을 때 이야기인데, 독일 산모랑 한국 교포 산모랑 나란히 누워 있는 걸 봤어. 독일 산모는 미리 책도 읽고 이것저것 공부를 많이 하는데 한국 산모는 별로 아는 게 없더라고. 그런데 독일 산모는 있는 대로 소리질러가며 정신이 없는데, 한국 산모는 몇 시간 혼자 끙끙대다가 아이를 쑥 낳는 거야. 한국서 애를 받을 때는 잘 몰랐지. 아 글쎄, 한국 여자들은 태생적으로 애 낳는데 세계적인 경쟁력을 갖고 있더라니까.

세계에서 '한국 아줌마'가 여러 모로 유명하지요. 왜일까요?

뭐긴 뭐겠어? 태생적으로 우월한 유연한 골반을 가지고 있는 거겠지. 입식 생활에 익숙한 서양 산모들은 골반이 굳어 있기 때문에 임신하면 따로 골반운동을 해야 하지만 한국 산모들은 '온돌방 생활'로 골반이 저절로 유연하기 때문에 자연분만에 유리한 것 같아.

그렇다면 산모에게는 온돌 생활이 좋군요.
그건 틀림없어.

이제 전주의 터줏대감이시네요.
자랑이 아니라, 기술도 기술이지만 나는 부잣집 가난한 집을 가리지 않고 애를 받다 보니 전주에서 두루 소문이 났지.

독일의 출산 정책에 대해 말씀해주세요.
1980년대부터 독일도 저 출산 시대로 접어들었는데, 기본적인 사회보장제도에 출산장려금까지 더해지고 산전산후 보호까지 있으니 사회보장제도가 완전한 나라 같았어. 우리도 본받아야지.

좀 딴 얘기인데요, 순산의 비결이 있습니까?
아기를 낳을 때 모두 아파야 한다는 것은 잘못된 생각이야. 분만은 마음의 문제라고 봐. 산통이 올 때 어미의 입장이 아닌 아이의 입장이 되도록 평소 훈련해야지. '아가야. 이 좁은 길(산도)을 혼자 내려오려니 얼마나 힘들겠느냐. 이 어미가 도와줄 테니 겁내지 말거라'는 느긋한 마음으로 산통을 받아들여야지. 이게 가장 쉬운 비결이지. 물론 전문적으로 자연분만의 비법은 복식 호흡 등 여러 가지가 있어. 중요한 것은, 임신 중 노력 여하에 따라 무통분만까지도 가능해. 무엇보다도 중요한 것은 의식 문제지. 여자들을 단지 애 낳는 기계로 보면 안 되지. 여자에게 출산을 인생 최고의 행복한 경험이 되도록 하면 남자들도 행복해진다는 사실을 잊지 말아야지.

네, 내내 건강하시고 행복하세요.

감사합니다.

아직 그 연세에도 한동안 활동에 아무런 문제가 없어 보였다. 그것은 자신이 하는 일에 대한 굳은 신념 때문이고, 불꽃같은 열정 때문일 것이다.

만난 사람 (6)

독일 음악을 사랑했고, 음악 속에서 행복한 간호사

● 정방지 ● 편

두 딸과 함께 단란했던 한때(맨위) 지금도 문화생활을 즐기는 부부, 정방지 씨(왼쪽)와 김성수 박사(오른쪽)

= 그녀의 독일에의 출발점은 독일의 클래식 음악에 대한 열정이었고, 이를 이해해 주는 김성수 박사와 한 가정을 이뤘다. 2세 가족은 의사 가문을 이뤘다. =

프랑크푸르트에 시원한 여름비가 한줄기 내린 날, 댁에서 정방지 여사를 만났다. 한국식으로 보면 쾌적한 빌라형 아파트로 보이지만, 정확하게 독일 집의 형태를 가늠하기 어려웠다. 자식들을 모두 출가시키고 남편 김성수 박사와 조용히 여생을 보낸다는데, 음악이 흐르는 집안 분위기가 활기차 보였다.

독일은 언제 들어오셨습니까?

나는 서울 중구 보건소 공무원으로 있었다. 1966년 독일병원협회와 해외이민공사의 협약으로 1월, 4월, 6월, 3차례에 걸쳐 간호사를 파견했는데, 나는 6월에 들어왔다. 당시 마인츠에 거주하던 이수길 박사의 인솔로 탑승했는데, 비행기 안에서 일터가 정해졌다. 나는 프랑크푸르트 병원 안과 간호사로 배정됐다. 원래 3년 머물다 돌아갈 생각이었는데, 이렇게 지금까지 머물게 되었다.

독일에 들어오시게 된 동기는 무엇입니까?

여러 가지로 인연이 된 것 같다. 내가 7남매 중 둘째 딸인데, 딸에 대한 차별이 심했다. 어려서부터 이에 대한 불만이 컸고, 차별이 없는 평등 세상을 꿈꿨다. 그런 중에 사회적으로는 5.16군사정변이 있었고, 1961년부터 불안감이 숨을 죄어왔다. 한국은 희망이 없는 나라로 보였다. 대안으로 독일이 동경의 대상이 되었다. 그 나이에는 낭만적이지만, 독일 음악을 동경했다. 독일 음악에 빠져서 한국에 있을 때부터 레코드 가게를 드나들었다. 독일에 와서도 첫 월급 타자 가장 먼저 달려간 곳이 레코드 가게였을 만큼 음악에 깊이 빠졌다. 당시 가격으로 1장에 30마르크 쯤 했는데 지금도 당시에 사 모았던 레코드가 많다. 독일 음악이 좋으니 문학 철학에도 관심을 가지게 되더라.

문학요?

당시는 괴테라는 이름만으로도 가슴이 설렜지. 괴테, 아이헨도르프, 호프만, 토마스 만 등…… 당시 우리나라에 소개된 독일 문학은 상당히 제한적이었는데, 독일에 살면서 더 폭넓은 독일 문학을 접하게 된 것도 내 생애에 축복이다.

철학도 좋아하셨다는데, 혹시 당시 철학을 연구하시던 김 박사님을 만난 것도 인연 아닌가요?

(이때 여사님의 얼굴이 살짝 붉어지면서 웃었다.) 그런 것도 있었겠지. 그래도 독일 하면 니체 칸트 쇼펜하우어 같은 철학자들이 저절로 떠오르지 않나? 사실 아까도 말했지만, 레코드 사 모으는 게 음악에 대한 호감 때문이었지. 베토벤, 모차르트, 슈베르트, 슈만, 바그너, 바흐, 헨델, 하이든…… 이름만 들어도 가슴이 설렜다. 지금도 기억에 생생한 것은 1969년 5월 27일에 김 박사가 선물한 레코드판이다.

철학과 음악, 둘 다 흡족한 선물이니 마음이 기울어질 수밖에 없으셨네요.

(이 말에 다시 얼굴이 붉어진다.) 지금 생각해보니 그런 거 같기도

하고, 잘 모르겠네.

결혼은 언제 하셨습니까?

취업 3년 만기가 되었으니 귀국하거나 연기해야 하는데, 김 박사님이 가지 말라고 날 붙들었다. 마침 병원에서도 연기를 해줬고. 1969년 10월 튀링겐에서, 30여 명의 한국 분들을 초대하여 결혼식을 올렸지.

그렇다면 시집살이는 모르시겠군요?

서로 떨어져 사니 당연히 시댁 부모와 갈등이 없었지. 그렇지만 한국 가정이 대개 그러하듯이, 내가 딸 둘을 낳았으니 시집 식구들, 특히 시아버님께서 말씀은 안 하셨지만 늘 죄의식이 자리 잡고 있었다. 그렇다고 마음대로 할 수 있는 일도 아니고……

고향에 대한 기억 좀 들려주시지요.

전북 김제읍 월촌면 연정리가 출생지다. 당시 집안에는 부엌에 불 때주고 일을 거들어주는 머슴 두 사람이 있었다. 어렸을 적 기억에 철철이 과수원에서 나오는 과일을 먹으면서 자랐다. 뒷동산에 올라가 딸기 따 먹고, 마을 앞 방천 둑에는 계절마다 아름다운 꽃들이 피었고, 개천 너머에는 금 비단을 깔아놓은 벌판, 겨울이면 수정같이 언 얼음 위에서 얼음지치기를 했던 기억이 지금도 새롭다. 남녀가 각기 다른 네모난 밥상에 앉고, 어른들은 밥상이 달랐을 만큼 권위의식이 엄격했던 집안이었다. 나는 그런 분위기가 숨 막혀서 싫었다. 어쩌면 내가 서구 문화를 꿈꿨다면 그 때문이었을 것이다.

독일에서 살면서 가장 아픈 기억이 있다면 어떤 것입니까?

많지만, 1973년부터 2003년까지, 김 박사가 망명자 신분이라 30여 년 동안 한국에 마음대로 오가지 못했다. 1980년 말에 시아버지가 돌아가시고 2000년도에 시어머니가 돌아가셨지만 입국을 못해 임종도 못 보고 장례조차 치르지 못했으니 불효자인 셈이지. 참고로 김 박사님은 3대 독자였지.

그 시절 고충에 어떤 것이 있었습니까?

말하기에는 사연이 많고도 길다. 나야 큰일을 하시는 남편을 곁에서 지켜보는 처지였지만, 언젠가 한국도 민주화가 되어 좋은 세상이 오고, 귀국할 날도 오겠지 하는 희망으로 살았지. 불효로 양 부모 상을 치르지 못하다가 2003년도에 입국 제한이 풀려서 귀국해서 평소에 잡숫던 음식을 차려 뒤늦은 제사를 지냈다.

요즘 제사는 누가 어떻게 지냅니까?

시누이가 모시고 있다가 독일로 제사를 모셔온 것이 한 7, 8년 되었다. 그날이 되면 시부모님을 추억하고, 뒤늦게나마 좋아하시던 음식 차려 드리는 것이 속죄라면 속죄지.

독일에서 가장 기억나는 활동이라면 어떤 것이 있습니까?

1979년 재독 여성들의 모임이 있었는데, 주로 고국의 독재정치반대

운동에 나섰다. 노동운동의 일환으로 YH 사건 지지 성명을 비롯해 국내 여러 현안에 대해 토론을 벌이고, 제3세계를 지지하는 토론대회. 아들러(Adler) 상점가 노동 조건 개선 운동에 연대하여 활동한 일, 흑인 인권운동 때 키위 불매운동에 동참했던 일, 때로는 프랑크푸르트 시내 한복판에서 2인 피켓 시위운동을 벌였고, 1985년 취업 연장 불허 방침에 대한 1만 명 서명 운동을 벌여서 본에서 정부 고위층과 대화하여 취업기간 연장을 이끌어내기도 했다.

언제까지 그런 투쟁적인 삶을 사셨나요?

1980년대 후반쯤인 것 같다. 애들은 사춘기에 접어들고, 남편이 선두에 나서서 일하시는 중이라 아이들 교육 때문에 적극적인 활동에서 한 발 물러서고 있다. 그러나 꼭 필요할 때는 동참하기도 한다.

그럼, 요즘 주로 하시는 일은 뭔가요?

글쎄, 어린 날 어디에 그런 꿈이 숨어 있었던가? 피아노를 치고 싶어 했는데, 요즘 취미로 피아노를 친다. 애들에게는 내가 못했던 미국 프랑스 어학연수를 보내고 피아노도 치고, 발레도 배우게 했는데, 내 대리만족이었던 것 같다.

두 따님을 시장분석연구사와 의사로 키워 결혼시키셨다는데, 한국처럼 혼수 비용이 많이 들었습니까?

절대 아니다. 독일에서는 직업을 가질 만큼 키워놓으면 스스로 자금을 마련하여 결혼한다. 들으니 한국 부모들은 키우고 출가시킬 때까지 챙겨 주느라 등짝이 휠 정도라는데, 평생 그렇게 살면 부모의 삶은 어디서 찾나? 정말이지 한국의 부모는 여러모로 불쌍하다. 대체 누가 그런 문화를 만들어낸 건지 정말이지 모르겠다.

또 각별히 독일 생활에서 기억나는 일이 있습니까?
아, 그러고 보니 2002년도에 글쓰기 모임이 있었다. 8명이 모임을 결성하여 이윤혜 국어 선생님을 모시고 글쓰기를 배웠는데 열심히들 했다. 선생님도 우리가 쓴 글을 집에 가져가서 꼼꼼하게 고쳐 주실 정도로 열성이셨다. 1년 반쯤 뒤에 귀국하셔서 우리끼리 토론하고 글쓰기를 한동안 계속하고 있다.

지금도 오페라 공연을 찾아다니면서 문화생활을 즐기는 노부부, 그 어느 누구보다도 행복해 보이고 건강해 보였다.

만난 사람 (7)

광부와 사업가의 삶을 살고 만년에 소설가의 길을 걷다
● 전성준 ● 편

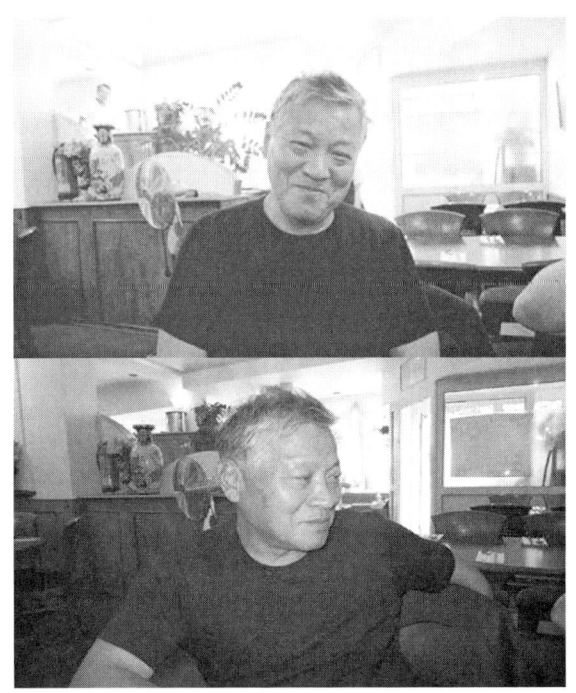

전성준 씨. 그는 1982년 독일에 들어와 이제 글쓰기를 하며 지낸다.

= 그의 소설은 독일을 배경으로, 이민자의 삶을 낭만적으로 다루고 있다. <로렐라이 진돗개>가 그의 소설이다. =

고향은 어디신가요?

전북 순창 읍내 순화리. 술을 좋아하시는 아버지는 회갑 전에 일찍 돌아가시고 홀어머니가 우리 형제를 어렵게 키워 왔다.

글은 언제부터 쓰셨나요?

중고등학교 시절부터 글을 썼습니다. 중학교 때는 학도호국단 신문에 짤막한 작문을 써 발표하고, <학원> 잡지에 기행문을 발표했고, 1957년 1958년 고등학교 때 원광대학 국문과에서 호남중고등학교 문학작품 공모전에 은상 금상을 2회에 걸쳐 단편소설로 수상 받은 적이 있었다. 그러나 대학 진학을 못하고 사회 초년생으로 출발하여 문학작품 활동이 멀어졌다.

독일 생활은 몇 년째인가요?

1982년에 왔으니 33년 쯤 된 것 같다.

젊어 보입니다. 가족은 어떻게 두셨나요?

1942년 임오생 말띠이며, 1남 2녀에 손자가 셋이 있다.

자신을 소개할 대표적인 이력은 무엇입니까?

불쑥 물으시니 말문이 막힌다. 굳이 답하자면 나이 사십에 한식 요리사로 독일 땅에 와서 말 못할 숱한 시련을 겪었고, 독일의 한국 식당을 경영하며 주방에서 요리사로 일을 했으며, 2000년에는 제2회 재외동포문학상 소설부문 대상을 받았고, 2012년 민초해외문학상을 받은 것이 전부이다.

그 정도면 파란만장하고 억척스러운 삶을 사셨네요. 먼저 문학 이야기 마무리 지어주세요.

재독 한국문인회 초대와 2회 회장을 역임했고, 현재 재독 교포 사회에서 작가로 활약하고 있다.

독일에 들어온 사연부터 들려주세요.

꿈이 많던 문학소년 시절에 번역되어 소개된 괴테의 작품을 읽고 막연하게 그와 세계를 동경했다. 서구는 우리의 고리타분한 삶과 달리 뭔가 다른 세계일 것이라는 막연한 동경으로 가족을 두고 무모한 도전을 시도했다.

꿈이 많던 문학 소년의 바탕이 소설을 쓰시게 했겠군요.

그러나 문학 소년은 싸늘한 독일의 현실과 맞닥뜨렸다. 치열하게 일과를 소화해야 하는 나에게 문학은 사치였다.

독일에서 겪었던 아픔이란 어떤 것이었나요?

사실 내가 독일에 들어온 것부터 터무니없었다. 1982년, 독일에서 요리사를 찾고 있다는 선배의 소개를 받고 독일 행 비행기에 올랐다.

병역 문제 때문에 파독 광부 취업 기회를 놓친 나를 안타깝게 여겨오던 선배가 사위가 독일 중부지역 뒤셀도르프에 한국 식당을 개업하자 나를 과대 포장해서 소개했던 것이다.

독일에 도착하자 식당 사장은 나를 이름 있는 일본 식당에 데리고 가서 여러 가지 생선회와 초밥을 주문하더니 나에게 "내일부터 이런 일식을 만들어 달라."고 주문을 했다. 당시 뒤셀도르프는 일본 사람이 많이 거주하고 있었고, 일본 상사들이 많아 일본 음식점이 호황을 누리고 있을 때였다. 사장은 내가 일식 전문요리사로 소개되어 초청했던 것이다. 나는 눈앞이 캄캄했다. 한식 요리를 가르치는 여러 학원을 거쳐 겨우 한식 조리사 자격증을 따서 들어온 나에게 내일부터 일식 요리를 만들라니 더럭 겁이 났다. 내가 동경했던 독일 땅을 밟았다는 기쁨은 잠깐이고, 뜬눈으로 밤을 새우고 아침 일찍 사장을 만났다. 사장은 한국에서 새로운 일식 요리사가 왔으니 싱싱한 생선을 구입해서 손님들한테 선을 보이겠다는 자신감으로 생선시장을 향해 자동차 시동을 걸었다. 나는 일식 요리를 할 줄 모른다고 고백했고, 한국으로 돌아가겠다고 말했다. 내 말을 듣자 사장도 기가 막혀서 말도 못하고 줄담배만 피우더니 내 신상에 대해 조목조목 물었다. 아들 딸 3남매의 가장으로 그들을 먹여 살리고 교육을 시키기 위해 이국땅에 요리사로 왔다고 말했다. 경상북도 상주가 고향인 그 사장은 한동안 앉았다가 내게 조건을 걸었다. "지금부터 3개월 안에 일식 요리를 배울 자신이 있는가?"를 물었고, 그렇게 하겠다고 대답했다. 실은 일식 전문 요리사가 일하고 있는데 워낙 술을 좋아하고 말썽을 일으키자 그 사람을 대신할 요리사를 초청하고자 했던 것이다. 그 요리사에게 나를 특별 지도하도록 했다. 나는 아침 일찍 출근하여 일하고,

오후 3시부터 6시까지 식당이 쉬는 시간에도 주방에 남아 초밥 만드는 법 생선회 뜨는 연습을 했다.

그래도 그런 기회를 줬으니 그 사장이 은인인 셈이네요.

그렇지요. 동생뻘 되는 일식 요리사는 요리사 특유의 곤조(근성)가 있는데다, 자기를 대신할 요리사라서 그랬는지 심통을 부리기 시작했다. 잡다한 개인 일, 심지어 자기 옷가지를 세탁해 달라는 부탁까지 했다. 나는 일식 요리사가 터무니없는 심통을 부렸지만 꾹 참고 시키는 일을 묵묵히 해냈다. 비참했지만 오직 일식 요리를 배우겠다는 일념으로 피눈물 나게 노력하며 2개월쯤 되자 손놀림은 좀 느려도 제법 일식 요리를 흉내 내게 되자, 자칭 일식 한식을 두루 겸한 요리사가 되었다.

결국 성공하셨군요.

몇 개월 만에 사장도 인정해 주는 단계에 올라섰다. 뿐만 아니라 매달 한국에 월급 1천5백 마르크씩 송금했으니 가장으로도 역할을 하게 된 셈이다.

결국 요리사가 되었군요. 또 다른 사연이 있나요?

많지. 가슴 아픈 사연을 풀어야겠네. 1982년 2월부터 요리사로 일을 시작하여 1984년 4월, 2년 2개월이 지나 어느 정도 내가 하는 일에 자신감도 붙어 있었고, 긴장이 풀려가던 시기였다. 마침 나와 여섯 살 터울인 동생이 1976년도에 광부로 독일에 와서 독일 중부 루루 지역 에린 광산에서 일을 하고 있었다. 그동안 단 하루도 긴장을 풀지 못하는 훈련 요리사로 있어서 쉬는 날도 없는 생활을 하다 보니 동생 내외가 어린 조카를 데리고 주말에 나를 찾아오곤 했다.

오후 3시부터 쉬는 낮 시간이었는데 동생이 나를 만나러 자동차로 한 시간 거리를 달려왔다. 일찍 도착하면 식당 근처를 배회하기도 하고, 좁은 자동차 안에서 나를 기다리고 있다가 나를 싣고 근처 공원을 찾아가 준비해 온 음식을 나눠먹고, 헤어질 때는 아쉬워서 부둥켜안고 눈물을 글썽이기도 했다. 사실 같은 독일 땅 지척에 살면서 만나지 못하니 더욱 안타까웠던 것이다.

정말 피눈물 나는 고통의 세월을 보내셨네요.

그러던 어느 날, 마침 식당 건물 가스 배관 공사 때문에 이틀간 식당 문을 닫는 일이 있었다. 나는 기회다 싶어 홀에서 서빙을 보는 광부 출신 미스터 김에게 부탁하여 동생이 일하는 루루 지방 에린 탄광을 찾아갔다. 나도 한때 파독 광부를 지원했었으나 조건이 맞지 않아 포기했기 때문에 꼭 탄광을 직접 보고 싶기도 했다. 광산에 도착했을 때가 바로 주간 근무를 마치고 임무 교대를 하던 때였다. 지하 수천 미터 작업장에서 작업을 마친 광부들이 승강기를 타고 지상에 올라와 두꺼운 철문이 열리고 우르르 몰려나오는 모습을 보고 가슴이 찡했다. 안전모 밑으로 두 눈알과 이빨만 하얗게 번쩍거릴 뿐 누가 누구인지 알 수 없었다. 번들번들 땀과 탄가루에 범벅이 된 많은 사람들 틈에서 "형!" 하고 하얀 이를 드러내며 반기는 동생을 보는 순간 나는 온몸이 얼어붙은 듯했고, 눈물이 왈칵 쏟아졌다. 한때 직원 30여 명을 거느린 봉제공장 자재과장으로 잘 나가던 동생이 서독 광부로 들어와 저런 고생이라니, 가슴이 철렁 내려앉았다. 남들은 3년 계약을 마치기 무섭게 다른 직업을 찾아 자리를 옮기는데 동생은 5년도 넘게 탄광에서 일을 하고 있으니 내가 처해 있는 입장보다 동생의 처지가 더욱 불쌍하다는 생각이 들었다. 동생이 이런 모습을 보이기 싫어서 한사코 내가 찾아오는 것을 반대했구나 하는 생각에 이르자 동생이 한없이 불쌍했다. 동생을 만나고 돌아오는 날은 마음이 울적했다.

광부라면 다 그 정도 고생은 하지 않았나요?

아니다. 내게 새로운 고민이 시작되었다. 남들처럼 동생도 탄광을 벗어나 반듯한 한국 식당을 나와 같이 운영해 보았으면 하는 계획으로 밤을 설치기도 했다. 마침 라인 강변 로렐라이 관광지에서 그림 장사로 큰돈을 벌었다는 쾰른의 김희준 사장(가명)이 한국 식당을 개업하려 한다는 소문을 접했다. 홀에서 서빙을 보는 미스터 김이 그 식당에서 요리사를 구하고 있다는데 나더러 관심이 있느냐고 물었다. 나는 가족까지 초청하여 독일에 함께 살 수 있게 해 준다는 말에 귀가 솔깃했다. 이제 식당이라면 얼마든지 운영할 자신이 있어서 일하고 있는 식당 사장한테 사정을 이야기하고 자립하겠다고 했더니 승낙했다.

그러면 식당을 옮겼네요.

1984년 6월 25일, 나는 2년 2개월 동안 일해 온 뒤셀도르프 한국 식당을 그만두고 로렐라이 라인 강변으로 거처를 옮겼다. 시내와 2킬로 남짓 떨어진 곳에 위치한 독일 식당은 오랫동안 비어 있는 건물이었고, 인근에 주택지가 없어서 밤이 되면 음산하여 겁이 나기도 했지만 혼자 집을 지키며 한국 식당으로 시설을 개조 수리를 하여 개업할 날을 기다렸다. 한국에서 가족을 초청해 독일에서 같이 살게 해준다는 말에 몸을 아끼지 않고 일했다.

독일의 서정시인 하이네가 쓴 「로렐라이 언덕」이라는 시는 한국에까지 널리 알려져 초등학교 음악시간에 풍금에 따라 불러 보기도 했다. 뿐만 아니라 "옛날부터 전해오는 그 이야기 내 마음에 끝없이 떠올라······" 로 시작하는 독일 민요 로렐라이 언덕의 주 무대인 이곳 샹티 고하우젠, 유명한 관광지 로렐라이! 내가 동경해 마지않던 독일 라인 강변의 한국 식당 요리사로 일을 하며 살게 되었다니, 생각만 해도 감동스러웠다.

  그러면 문학의 꿈과 현실이 동시에 이뤄진 건가요?

금방 개업할 것 마냥 거창하게 계획을 세웠던 집주인 김희준 사장은 쾰른에서 운영하는 화랑에도 일손이 딸려서 로렐라이 한국 식당을 자신이 직접 운영할 수 없다고 했다. 김희준 사장은 권리금 5만 마르크를 내고 매달 월세 2천 마르크를 내면 한국 식당을 할 수 있도록 모든 시설을 해주겠다고 했다. 나에게 전체 세를 줄 테니 광산에서 일하고 있는 동생과 같이 식당을 운영해 보라고 했다. 미리 나를 점찍어 놓은 듯했다. 탄광에서 3년을 버티기도 힘이 드는데 5년을 막장에서 일하는 동생을 벗어나게 하는 기회이고, 한국에서 가족이 와서 같이 살 수 있다는 더 없이 좋은 기회였다. 나는 동생한테 수차례 전화하여 설득했다. 동생은 내 생각에 협조적이었으나 제수씨는 결사

반대였다. 모아 놓은 목돈도 없는데다 은행에서 빚을 내어본 경험도 없이 식당업에 뛰어들어 혹여 잘못되면 어떻게 감당하느냐고 반대했다. 그러나 동생은 제수씨 의견을 무시하고 임대계약을 체결했다.

나는 신바람이 나서 기술서적을 뒤적이며 전기 가스 공사를 하고 한국 식당으로 간판을 만들고 밤낮을 가리지 않고 일했다. 동생은 개업 날짜를 정하고 관할 시청을 찾아 식당 허가를 신청했다. 그런데 예상 못한 문제가 발생했다. 임대계약에 월 2천 마르크 월세는 이 지역 조례에 비교하여 너무 터무니없이 세가 높아 허가를 내줄 수 없다는 것이다. 1년 중 4월부터 9월까지 6개월 동안만 정상 영업을 하고 나머지 기간은 식당 문을 닫는 비수기라 매달 2천 마르크는 부담이 커서 실패할 수 있으니 월 1천 마르크로 계약해야 허가를 내줄 수 있다고 서류를 반려한 것이다. 이 사실을 건물주인 김희준 사장한테 알렸더니 일언지하에 거절을 했다. 내 집 가지고 내가 받는 집세를 시에서 왈가왈부하는 것을 자기는 이해할 수 없다고 하면서 계약서대로 하라는 말을 남기고 한국으로 들어가 버리고 말았다. 착실하게 직장 생활을 하고 있는 동생을 끌어다 식당을 하겠다고 일을 벌려 놓은 나의 무모한 행동에 동생 집안까지 불화를 만든 꼴이 되었다. 이때 김희준 사장한테 건물을 팔았다는 독일 집주인이 나타났다. 한국인이 제 나라 사람한테 사기를 당해 고통을 받고 있다는 소문을 듣고 우리를 도와주겠다고 제 발로 나타난 것이다. 그 독일 집주인은 시에서 원하는 계약서를 작성해 주었다. 드디어 식당 허가를 받아 1984년 9월에 '한국의집'이라는 간판을 내걸고 식당 문을 열었다. 나중에 알고 보니 김희준 사장은 독일 집주인과 건물 매매계약만 체결한 뒤 계약금 일부만 지불하고 잔금을 지불하지 않고 소유권 이전이 끝나지 않은 상태였다. 김희준으로부터 계약금 2만 마르크를 받은 상태라 매달 월세 1천 마르크를 내고 보증금 2만 마르크를 걸어 놓으면 김희준과 매매계약을 해약하겠다는 각서를 쓰고 독일인과 계약 식당 문을 열었던 것이다.

고생한 보람이 있어 개업을 하자마자 한국 관광객을 실은 관광버스가 하루에 서너 차례 찾아오고, 세계 각국에서 로렐라이를 찾는 관광객으로 문전성시를 이뤘다. 행운이 뒤따랐다. 그러나 호사다마라는 말처럼 1986년 4월 2일 부활절이 끝나는 월요일 아침 8시 어린 아들을 샹티 고아하우젠 유치원에 데려다 주고 도매시장에서 식당에 필요한 식품을 구입하러 가는 도중에 로렐라이 골짜기 커브 길에서 교통사고가 일어났다. 급커브 길을 달려오던 작은 트럭과 정면충돌하여 동생이 타고 있던 자동차 정면이 박살이 나고 동생은 말 한마디 남기지 못하고 저세상으로 떠났다. 불행 중 다행으로 뒷좌석에 타고 있던 아들은 무사했다. 사고가 난 자동차에서 발견된 법원에서 발송한 등기 편지에 김희준이 건물 매입대금을 완전지불하고 소유권 등기를 마쳤으니 건물 주인이 김희준이라는 법원 판결문이 이날 아침에 배달되었던 것이다.

여기까지 말을 이어오던 전성준 씨는 말문이 막혀 울먹인 채 뺨에는 눈물이 흘러 내렸다. 인터뷰를 하는 나도 코끝이 찡했다. 그는 다시 말을 이었다.

동생이 세상을 떠난 뒤 한국에 있는 팔순 노모한테는 동생의 사고를 알리지 못하고 수년간 내가 동생 행세를 하면서 숨겨야 했다.

나로서는 내가 독일 땅에서 살기 위해 동생을 끌어다 로렐라이에서 비명에 세상을 떠나게 했으니 죄책감이란 이루 말할 수 없었다. 2003년 어머니가 노환으로 임종할 때 사실을 말했다. 나는 이처럼 어머님과 동생한테 많은 죄를 짓고 살았다.

이제까지 가슴 아픈 사연을 잘 들었습니다. 화제를 돌려 문학 활동에 대해 들려주세요.

2000년도 제2회 재외동포재단 문예공모전에서 소설 <노랠라이 진돗개>가 당선되었다. 진돗개를 키우면서 독일 세파트와 싸움을 시키는 줄거리의 소설이다. 작지만 매운 한국인들의 기상을 드러낸 소설이다. 그리고 신문에 간호사 광부 이야기를 내용으로 쓴 장편 서사시를 8회에 걸쳐서 연재하기도 했다.

한국에 들어가 사실 계획은 없으신가요?

어머니마저 돌아가신 마당이기도 하고, 재운이 없는 나는 한국에 돌아가도 지닌 것도 없다. 독일에서 식당을 20년 이상 운영하면서 착실하게 많은 세금을 냈다. 이제 연금 수급자가 되어 정부 연금을 받고 살고 있다. 아마 병원비 정도 해결할 만큼 살만합니다.

요즈음 무슨 일로 소일하십니까?

프랑크푸르트 한인 사랑의 쉼터라는 원로 한인들이 모여 바둑, 장기 등을 즐기며 환담을 나누는 작은 공간을 관리하고 있다. 그리고 매주 세 차례 열리는 벼룩시장을 찾아 팔려고 나온 옛날 물건들을 구경하러 다닌다. 옛 사람들의 손때가 묻고 흔적이 남아 있는 낡은 물건들을 보고 있노라면 그때의 실상이나 생활을 나름대로 상상도 해 보고 흥미 있는 물건이 있으면 헐값으로 구입하여 집안 진열해 놓고 두고두고 보는 재미가 쏠쏠하다.

흥미 있는 유품에 대해 말해주세요.

어느 날 벼룩시장에 나온 바나나 박스 안에서 색동 비단으로 만든 주머니를 발견했다. 여러 가지 잡동사니 생활용품 사이에 낡은 비단 색동 주머니는 한국적인 멋이 풍겼다. 색동 주머니를 향해 내가 손을 뻗치자 다른 사람이 먼저 잡았다. 머플러로 머리를 감싼 터키 여자였다. 호기심을 가지고 비단 주머니를 손에 쥐고 이리저리 살피더니 별 흥미가 없는지 제자리에 놓는 순간 내가 그 비단 색동 주머니를 주워 들었다. 내가 냉큼 그 주머니를 주워 들자 그 터키 여자는 마음이 변했는지 자기가 관심이 있는 물건이며 먼저 발견했으니 자기가 사겠다고 작은 충돌이 일어났다. 특별한 귀중품이 들어 있는 것 마냥 잠깐 언쟁 끝에 내가 그 터키 여인에게 통사정을 했다. "내가 한국 사람이라 한국인이 사용했던 물품이라 내가 필요하니 양보해 달라."고 겨우 설득 그 비단 색동 주머니를 내 손에 넣게 되었다. 그 주머니 속에는 비단 색실로 만든 꽃 매듭과 빛이 바랜 흑백사진 몇 점과 한국 조흥은행에서 1968년에 발행한 작은 수첩이 들어 있었다. 비단 색동 주머니 때문에 잠시 다툼이 벌어진 것을 목격하던 50대쯤 되는 주인은 나를 데리고 트럭 뒤쪽으로 가더니 허름한 가방 하나를 주며 그냥 가져가라고 했다. 보니 한국에서 196,70년대 사용한 갈색 인조가 죽 여행 가방이었다. 가방 속에는 김소월 시집과 앨범 항공 봉투와 편지 그리고 김소월 시 초혼이 새겨진 옥돌계란 등이 들어 있었다. 어느 파독 간호사의 사연이 깃든 유품 가방이었다.

나는 우연히 횡재를 한 것이다. 그 유품 편지에 애틋한 남녀의 순애보를 발견했다. 남자는 폐병 환자였으며, 그 환자한테 정기적으로 결핵 약을 전해 주는 보건소 결핵요원으로 근무하다 파독된 간호사가 가방의 주인이었다. 나는 가방 속에서 발견한 편지와 메모를 읽고 나름대로 주제를 설정 그 사연을 장편 서사시로 독일 현지에서 발행하는 교포신문에 15회까지 연재했다.

소설가의 말은 끝까지 들어봐야 알겠지만, 인연치고는 회귀한 인연이군요.

그런데 2016년 한국 휴가 중에 우연한 장소에서 유품을 보관하고 있던 파독 간호사와 관련된 인물을 만났다. 우연으로 생각하기에는 너무 소름이 돋는 인연인데, 자료를 얻고 새로운 정보를 입수했다. 그 후 중단했던 장편 서사시를 다시 쓸까, 아니면 논픽션으로 재구성할까 궁리 중에 있다.

시든 소설이든, 아니면 논픽션이든 좋은 결과물을 기대하겠습니다. 이야기는 길어졌지만 하실 말씀 있으시면 하시지요.

채 교수님이 집필하신 『조 캡틴 정전』을 읽고 그 글 속에 등장하는 조씨 집 일가, 권모술수에 능하고 약자를 억압하고 강자로 군림하는 그 집안의 세습, 그 글 속에서 젊은 나이에 꿈도 이루지 못하고 라인강변에서 허망하게 삶을 마감한 동생이 떠올랐다. 지금 여의도 유명한 교회 장로 직분으로 임직하고 있는 인면수심의 김희준이 건재하고 있다는 사실이 늘 내 마음을 흔들어 놓는다.

흥미 있는 소설을 이 자리에서 듣고 싶지만, 앞으로 출간될 재미있는 소설을 위해서 이 자리에서는 더 여쭙지 않겠습니다. 좋은 소설 기대하겠습니다. 감사합니다.

만난 사람 (8)

간호사 아내를 따라갔다가 민족과 통일 지향의 소설가가 되다
● 정창근 ● 편

2014년도에 막내딸과 사위가 마련한 출판기념회.

= 한국에서는 독일에 들어갔다가 국적을 회복한 소설가 정창근 선생에 대한 이력이 널리 알려져 있다. 그는 남한과 북한에서 동시에 소설가로 활동을 한 각별한 이력의 소설가로 알려져 있다.=

소설가 정창근 선생을 만난 것은 서울에서였다. 그는 정읍에 살면서 전주에 가끔 나들이 하지만 막내딸과 사위가 서울에 살기 때문에 자주 드나든다.

안녕하세요? 요즘 어떻게 지내고 계십니까?
덕분에 잘 지내고 있습니다. 최근에 탈고한 장편소설이 있는데 『북소리』 상하권이다. 내용은 일본 아베신조를 중심으로 한 정치소설이다. 극우주의자들이 걷게 될 미래소설인 셈이다.

내용이 기대됩니다. 생각 같아서는 비극적인 말로로 경각심을 줄 수 있으면 좋겠습니다.
그럴 것이다. 극우주의자를 비판한다고 해서 내가 국수주의적 일방적인 시각의 소설은 아니다.

독일은 언제 어떤 계기로 들어가셨습니까?
1977년 독일에 들어갔다. 사연을 말하자면 길다. 자유당 이승만 정권과 박정희 군부정권 시절에 반독재 활동을 15년간 하다가 독일에 산파 기술을 익히러 들어간 아내를 따라 아이들 데리고 독일에 들어갔으니, 좀 애매한 망명인 셈이다.

독일 말씀하시기 전에, 먼저 한국 프로필을 간단히 소개해주세요.
전주 출신이고, 전주사범을 나와 전북대학교 법정대학 법학과를 졸업했다. 정치 운동에 뛰어들었으나 이승만 정권의 반대 자리에 있는 민주국민당 전라북도 도당 청년부장이 되어 정치 초년부터 탄압을 받기 시작했다. 4.19와 5.16 정치적 격랑을 겪으면서 많은 어려움을 겪었다. 윤보선을 당수로 한 민정당의 청년부장이 되면서 1962년 군정 연장 반대운동을 하면서 중앙정보부에 끌려가 48시간 모진 고문을 당하고 거의 반신불수의 몸으로 나왔다.

독일 생활에 대해 들려주시지요.

집사람이 먼저 간호사로 들어왔고, 뒤따라 들어왔지만 딱히 할 수 있는 일이 없었다. 독일어를 배우기 위해 2년 동안 학원을 전전했지만 말과 글 배우는 일이 별로 마음에 내키는 일이 아니었다. 뒤셀도르프 루르 지방을 전전하면서 부두 노동도 해봤지만 아무나 할 수 있는 게 아니었다. 그런 중에 놀라운 것은 내가 여전히 감시 대상이 되어 있다는 사실이었다. 내가 할 수 있는 일이란 오직 집필, 소설 쓰기였다.

그 말씀 좀 해주세요.

내가 전주사범학교 시절부터 〈전북문학〉 동인으로 문학 활동을 하긴 했지만 독일에 건너간 뒤에도 고국의 민주화 및 통일운동에 관여하느라 소설 쓸 생각은 못했지. 처음에는 소설 쓰기가 두렵기는 했지만, 내가 겪었던 삶을 소재로 삼으니 용기를 내게 되었고, 1978년 대하소설 『섬진강』 4권을 탈고했다. 이 내용을 알게 된 한국의 출판사에서 출판하겠다는 제안이 들어왔다. 마침 당시 우리 집에는 어학연수를 들어왔던 친구의 딸이 있었는데, 대학 입학을 확정하고 한국에 들어갔다가 나올 일이 있었다. 그 편에 원고를 보냈는데, 김포 공항에서 기다리고 있던 요원에 의해 원고를 압수당하고 말았다. 소설을 발표할 기회조차 박탈당하게 되니 실의에 빠져 다시 노동을 시작했으나 도저히 배겨날 수가 없었다.

그때까지 소설가도 되지 못하신 거네요.

그런 셈이지. 그러다 1988년 독일인 국적이 나왔을 때, 조선문인협회에서 발행하는 월간지 <문학> 잡지에 소설 「들쥐」라는 소설을 발표하면서 소설가가 된 셈이지. 결국 남과 북에서 동시에 작가가 된 사람은 내가 거의 유일할 거야.

그렇겠네요. 그 뒤에 소설을 발표하신 곳이 어디지요?

독일에서 한국의 근현대 정치사를 다룬 장편소설 『솟아난 노래』를 처음 발표했다. 내가 『남산 위에 저 소나무』라는 장편소설 집필을 마쳤을 때 한국의 출판사에서 5천 마르크 계약금이 왔다. 그 소설은 1994년에 출판되었다.

한국으로 귀환하신 경위는요?

1995년에 아내가 갑자기 귀국을 결정했고, 함께 들어왔지. 우리는 독일 국적을 포기하고 한국 국적을 회복했어.

국내에 들어오셔서도 엄청나게 많은 소설을 쓰셨는데, 비결은 뭐라고 생각하십니까?

글쎄, 파란만장한 내 인생 자체가 소설 소재가 되었기 때문이 아닐까? 아까는 미처 소개하지 못했지만, 나는 18세 때 일본 비행기 조종사에 선발된 이력이 있어. 신체검사 3차, 필답고사 2회에 걸쳐서 비행조종사로 선발되었는데, 예비교육 6개월 받은 뒤에 1944년 정신대로 끌려가는 여자들과 같은 배를 타고 일본에 건너갔어. 다찌아라이 비행학교에서 훈련을 받다가 가미가제로 투입되기 직전에 해방이 되었지. 그리고 청년 시절의 정치 활동이나 독일의 체험들이 고스란히 소설의 소재가 되었지. 그래서 내 소설의 소재는 일제와 한국의 독재정치와 독일의 통일운동 등 다양할 수밖에 없었지.

정 선생님은 70대에도 매년 1편 꼴로 장편소설을 쓰신 셈이네요. 생각나시는 대로 작품 소개 좀 해주시지요.

내가 고희를 맞던 1999년에 『소설 정여립』을 발표, 이듬해에 남북 분단의 비극을 다룬 『브란덴부르크의 비가』, 2002년부터 독일 교포를 상대로 발행하는 <유로저널>에 「천국의 억새꽃」을 연재했지. 2003년에는 광대들의 아픔을 다룬 『남사당의 노래』를 발표했어.

지금 말씀하신 소설들은 내신 지 오래된 소설인데, 최근 저서 좀 소개해주세요.

지난 2014년도에 막내딸과 사위가 출판기념회 자리를 마련해 줬어. 그때 낸 장편소설이 『마자수의 별이 되어』, 『검은 눈 하얀 바람』, 『슬픈 제국의 딸』 이다.

독일인 사위와 함께 낸 소설도 있다고 들었는데요?

소설집으로도 냈지만 원래는 드라마로 제작되었지. <검은 눈 하얀 바람>이라는 같은 제목인데, 통일을 앞둔 우리도 봐야 할 내용이다.

현재 가족들은요?

아내와 1남 3녀가 있는데, 막내딸과 사위가 한국에 살고 있으며, 다른 자녀는 독일과 프랑스에 살고 있다.

장차 하시고 싶은 일이 있다면요?

요즘은 창조주에 관하여 이해하고 그가 이뤄낸 창조물의 경이로움에 매료되어 진리를 탐구하고 있다. 또 힘이 닿는 데까지 남은 생애를 원고 집필에 바쳐 조국의 통일에 조금이라도 도움이 되는 글을 남기고 싶어.

국제문학사 참고 동영상 :
https://www.youtube.com/watch?v=3-xfoXrLVEo
https://www.youtube.com/watch?v=tfnmKvDUx6s
사진 : 2014년도에 막내딸과 사위가 마련한 출판기념회.

만난 사람 (9)

독한 가정에 시련이 닥쳤으나 당당히 이겨낸 맹렬 여성
● 김순자 ● 편

내일이 없는 오늘을 살 듯 살려고 노력한다는 김순자 씨.

= 간호사로 들어와 독한 가정을 이뤘으나 닥쳐온 시련, 그녀는 이 아픔을 운명적으로 받아들이며, 이를 온전히 소화해내며 새로운 행복의 가정을 이뤘다. =

본명이 뭔가요? 더러 다른 이름을 쓰기도 하던데요.

김순자. 가장 한국적인 이름이지? 독일에 와서 '슈베스타(간호사) 쏜냐'가 되었다. 이 이름은 병원에서 환자들이 내게 붙여준 이름인데, 독일 이름이 되었다.

고향은 어디신가요?

경상북도 상주군 낙동면 상촌리.

제 고향은 충북 영동, 백화산이 보이는 마을인데, 그 너머가 상주 아닙니까? 나 초등학교 때 상주에서 학교를 다니던 아이들이 있었습니다.

그래? 우리 같은 고향 사람으로 하지 뭐. 반갑네.

경상도 사투리는 어디를 가도 버리기 어렵다는데 경상도 억양이 거의 없네요.

고향을 떠난 지 50여 년이 넘었는데, 아니, 한국말을 잊을 지경인데 경상도 억양은 벌써 사라진 것 같네. 여기서는 한국말을 나눌 기회가 거의 없으니까.

한국의 형제들은요?

나는 6남매 중 맏딸이다. 동생들은 현재 모두 시집 장가가서 서울 수지 일산 인천 부천 등지에 흩어져 잘 살고 있다.

독일에 들어온 동기부터 말씀해주세요.

상주여고를 졸업하고 바로 서울로 올라와 직장 생활을 했다. 나는 외국은 아무나 갈 수 없다고 생각했는데, 어느 날 출근해서 신문을 보니, 1년 교육과정을 수료하면 독일에 간호사로 갈 수 있다는 기사가 나와 있었다. 당시 내게는 일 년 학비를 벌어놓은 게 있었다. 1년간 교육과정을 마치고 독일로 들어오게 되었다. 솔직히, 맏딸로 돈을 벌어서 가족들을 책임져야 한다는 사명감 같은 것이 크게 작용하고 있었다.

그래서 돈을 좀 벌었나요?

지금이야 인식이 달라졌겠지만, 우리가 가난했던 그 시절에는 외국에 가기만 하면 큰돈 번다거나 부모님을 도울 수 있다는 생각이 강했다. 아마 맏딸이어서 그런 생각을 더 하게 되지 않았나 싶다. 여기 들어와서도 혼자 살 때는 집에 송금을 해줘서 동생들 뒷바라지도 하고 땅도 샀다고 들었다.

한국이 그리운 날은 없었던가요?

글쎄, 한 6개월 동안은 서울에 가고 싶었다. 특히 서울에 두고 온 친구와 형제들이 보고 싶었다. 서울에 함께 있다가 두고 온 남동생이 궁금했다. 뒷날에는 동생들도 다 서울로 올라와 합류했다고 들었다.

초기에는 독일 생활에서 적응하기에 어려움이 많았겠지요? 가장 어려운 점은 무엇이었습니까?

누구나 그랬겠지만, 언어 소통이었다. 간호사란 직업이 워낙 하는 일이 많아서 늘 바쁘다. 그런 중에 사전을 들고 다니면서 악착같이 말을 배웠다. 특히 어려운 말이 막히면 들고 다니던 사전을 보지 않으면 해결할 수가 없었다.

독일 생활에서 어려움이 물론 많았겠지요? 그 사연 좀 들려주시지요.

어차피 내 삶에 대한 이야기를 듣겠다고 오셨으니 솔직히 모든 것을 다 말해야겠다. 첫 번째 결혼한 남자는 암으로 2000년도에 세상을 떠났다. 그런데 아들이 이태 뒤인 2002년에 희귀 암을 앓았다. 병원 의사 말에 따르면 99% 완치는 되었으나 재발 확률이 있을 거라고 했다. 하지만 지금껏 살아 있으나 이도 우리에게 주어진 복이 아닌가 싶다. 남편에 이어 아들마저 암 진단을 받게 되니 마치 깜깜한 터널 안의 삶과 같았다. 아! 나는 언제 이 어두운 터널을 벗어나 빛을 볼 수 있을까. 오랜 세월 동안 고단한 삶을 정말 열심히 살았다. 그러다 보니 어느 날부터인가 내 몸에도 한계 신호가 왔다. 허리를 비롯해 온몸 아프지 않은 곳이 없었다. 당시는 내가 심장병동에 근무할 때였는데, 자칫 내가 정신이 혼미해서 약을 잘못 섞기라도 하는 날에는 환자에게 큰 사고가 일어날 수 있을 것 같아서 몸이 아프기도 했지만 무서워서 계속 병가를 끊었다. 그래도 몸이 아파 도저히 견딜 수 없어서 계속 근무할 수가 없었다. 최악의 상황이 닥치자 그래도 오기 같은 것이 생겼다. 설마 독일이라는 나라가 나를 굶겨 죽이기야 하겠느냐는 오기였다.

오기의 결과는 무엇이었습니까?

병원에 과감하게 사표를 냈다. 연금 수혜자가 되려면 65세가 되어야 하는데, 그 기간까지는 너무 멀리 있었다. 고단한 몸을 이끌고 다른 막일을 해야 했다. 그나마도 지쳐서 더 일을 할 수 없는 상태가 되었다. 내가 마지막으로 의지할 곳은 독일 연금청이었다. 편지를 써서 "현재 내가 노동력을 상실했으며, 아들이 불치병에 걸린 딱한 실정임"을 연금청에 하소연했다. 내 하소연이 통했던지 불치병에 든 아들이 장애인 50% 등급 판정을 받으면서 마침내 조기 연금 수혜자까지 되었다.

정말 다행이었군요.

사람이 죽으라는 법은 없구나 싶었다. 겨우 안도의 한숨을 내쉬며 내게 주어진 삶을 열심히 살았다. 그런 중에 인연이 닿았던지 카페에서 두 번째 남자를 운명적으로 만났다. 그는 등갓을 만드는 회사 사장이었는데, 50여 년을 회사를 경영해오고 있었다. 그 역시 나처럼 아내와 사별하고 혼자 사는 처지로, 40년을 혼자 살아오고 있었다. 지금 생각해도 우리 두 사람의 사랑은 생애 최고로 행복했던 시간이었던 것 같다.

이런 꿈결 같은 3년이라는 시간이 흐르고, 마침내 또다시 가혹한 시련의 시간이 찾아왔다. 그 남자가 세상을 뜰 불행이 닥쳐온 것이다. 이 사실을 안 순간, 하늘이 무너지는 아픔을 맞이해야 했다. 아! 왜 내게만 가혹한 운명인가. 신의 장난이란 말인가? 모든 것이 원망스럽기만 했다. 한바탕 허망한 꿈을 꾼 것 같았다.

하지만 우리 두 사람은 우리에게 주어진 모든 운명을 순순히 받아들이기로 했다. 그가 세상을 뜨기 두 달 전에 서둘러 결혼식을 올렸다. 그 사람은 세상에 남아 있을 나와 가족을 위해 유산을 물려주기 위해서였다. 나는 그가 좋은 세상에 갈 수 있도록 남은 시간을 편안하게 대해줬다. 지금 생각해도 우리 두 사람은 예정된 결별의 시간을 사는 동안 너무도 행복했던 것 같았다.

그 행복했던 시간에 대해서 말씀해주세요.

누구나 그런 일이 닥치면 그럴 수밖에 없었겠지만, 오늘 하루를 지우고, 내일을 맞이할 준비를 하고, 내일 하루를 즐겁게 살기 위해 뭘 하고 지낼까 궁리하는 시간 자체가 행복했다. 먼 날을 내다보면 오늘이 불행하지만 바로 앞날을 생각하면 없던 행복이나 멀리 보이던 행복도 아주 가깝게 보이게 되더라. 요즘도 그런 삶을 살려고 노력하고 있다.

현재 가족들과는 어떻게 지내고 계시나요?

세월은 잠깐에 지나가더군. 아이들은 다 커서 대학도 졸업하고 모두 집을 떠나 각자 제 삶을 개척해 나가고 있다. 물론 큰아들만 빼고.

지금 회사는 잘 운영되고 있습니까?

네. 나는 명의만 사장이고, 세 사람이 회사를 경영하고 있는데 모든 사원들이 그들을 믿고 잘 따라준다. 나 또한 그들을 믿으니 그들도 믿음으로 보답해 준 셈이다.

만난 사람 (10)

교포 사회의 마당발로 활기를 나눠주는 전도사
• 나남철 • 편

에센 한인회장으로 늘 분주한 나남철 씨. 오늘은 주방에서 어른들을 대접할 음식을 준비하느라 바쁘다.

= 에센 지역을 찾아오는 한국인은 먼저 나남철 씨를 찾게 된다. 그녀가 에센 지역 한인협회회장이라 발이 넓어 필요한 정보를 모두 얻을 수 있기 때문이다. 그래서 필자도 독일에 올 때면 그녀를 찾게 되었고, 에센 지역의 많은 사람들을 알게 된 것도 그녀 때문이다.=

오늘 오전에 한국에서 온 공연단 손님들을 보내고 금방 돌아왔다고 했다. 그리고 나남철 씨는 주방에서 분주하게 요리를 하는 중이었다. 육개장과 된장국 두 음식 냄새가 같이 났다. 이는 교포들 친교를 위한 식사 준비이다.

안녕하세요? 오랜만입니다. 자기소개부터 해주세요. 원래 제 짐작으로는 남자 이름을 쓸 경우에는 형제가 많을 때 쓰는 이름인 줄 알고 있는데요?
어떻게 알았지? 나는 4남 4녀 8남매 중 일곱 번째다. 아래로 여동생 한 명이 있으니 거의 막내인 셈인데, 유명한 작명가에게 큰돈을 주고 지은 이름이라고 했는데. 우리 부모님은 클 때 무슨 근거에서였는지 항상 '너는 장차 크게 될 이름이다.' 라고 격려해 주셨다. 그런데, 해외에 나와서 이렇게 살고 있다.

지금 사시는 게 어때서요. 지금 에센 지역 한인회회장으로 봉사를 하시는 삶을 사시는데, 이만하면 크게 되시지 않았나요?
글쎄, 내 정도가 크다고 한다면 이 세상 안 큰 사람이 없겠네.

고향이 어디신가요?
대전 시내 한복판 은행동에서 살았다. 그리고 대전여고를 다녔다.

독일에 온 동기에 대해서 말씀해주세요.

1980년 광주민중항쟁이 한창이던 때였다. 남편(이광일 씨)의 초청으로 한국을 떠났는데, 나리타 공항에서 한국에서 보지 못했던 광주의 모습을 보면서 독일에 들어왔다. 나이 25세 때였다.

꿈 많은 시절이셨군요. 당시 꿈이 있었다면 무엇인가요?

솔직히, 나는 이곳에서 교수가 되고 싶었다. 한국의 교육제도에 회의를 느끼고, 이곳에서 선진 교육제도를 배워서 한국에 소개하고 싶었다. 그런데 꿈은 만만치 않았다. 애 낳고 키우느라 한동안 꿈을 접고 살아야 했다. 아이가 3살이 되어서야 학교를 다녔다. 에센 대학에서 교육학 2년을 공부했다. 공부를 잘했다는 칭찬은 받았지만, 남편의 '애들 교육이 우선이다.' 라는 조언 때문에 학교를 졸업하지 못했다. 뒷날 한이 되어 보훔 대학에서 교육학을 다시 공부했다.

독일 초기 생활의 어려움이 있었다면 어떤 것이 있나요?

나는 불의한 것을 보면 참지 못하고 따지기를 좋아했다. 남들은 쉽게 넘어갈 수 있는 것도 참지 못하는 성격이다. 독일 말을 잘 알아듣지 못할 때 인종차별적인 피해를 종종 느끼게 되는데, 이는 독일 사회 곳곳에서 만나게 되는 아픔 같은 것들이었다. 반드시 바로잡아야 직성이 풀렸고, 비로소 돌아와 잠을 잘 수 있었다. 강아지 한 마리를 키우는데도 외국인이라 여러모로 까다로웠다. 나는 이에 분노하여 '외국인은 강아지를 키우지 못하느냐?' 부당한 대우를 받는 것이 억울하여 시장을 찾아가서 사과를 받아냈다. 이 밖에 학교 교육 운영에 대해 문제점을 지적하고 이를 시정하도록 했다. 그들이야 불편했겠지만 교육이란 먼저 자신의 헌신적인 자세가 우선 되어야 한다. 자고로 진정한 교육이란 자신의 헌신적인 자세가 필요하다고 생각한다. 여기서 구체적으로 지적할 일은 아니지만, 웅변대회 글쓰기대회 등 아이들의 행사에 어른들의 이해관계가 개입되면 안 된다. 이로 인해 아이들이 마음의 상처를 입는다면 이는 온전히 어른들의 책임이라는 점을 강조하곤 했다.

원래 모난 돌은 정을 맞는다고 했습니다. 입바른 소리를 하는 사람은 늘 외로운 법이지요. 더 들려주실 말씀이 있나요?

한 마디 더 한다면, 나는 가끔 묘비에 무슨 말을 적을까 생각하며 산다. "항상 불의와 싸우다 죽은 사람의 묘"는 어떤가.

현재 하시고 싶은 일이라면 어떤 것이 있습니까?

전에는 무슨 일을 하려면 가정에 있는 아이들 때문에 망설였던 적이 많았다. 나도 별수 없는 극성스러운(?) 한국의 어머니로 아이들 교육 때문에 사회생활을 제대로 하지 못했다.

이제 아이들 교육은 끝나지 않았나요? 말 나온 김에 현재의 가족 말씀도 들려주시지요.

이제 아이들 교육은 끝났습니다. 아들이 둘인데, 가정을 이루고 잘 살고 있고, 광부로 들어온 남편(이광일 씨)은 젊은 날에 축구에 대한 열정이 남달랐다. 아마추어 선수로 뛰었고, 현재는 심판으로 뛰고 있다. 또 남편은 자신이 이루지 못한 축구 선수의 꿈을 꿈나무 양성에

쏟고 있다. 잘은 모르지만, 남편의 축구 선수에 대한 철학이라면 '인성이 잘 갖춰진 축구 선수'들을 키우는 열정으로 보람된 삶을 살아가고 있다.

앞으로 하시고 싶은 일이 있다면 무엇인가요? 욕심이 많으셔서 남은 꿈이 많으실 것 같아요.

정말 내가 욕심이 많은 것 같군요. 이제 무슨 일을 맡든지 일 잘하는 사람이라는 말을 듣고 싶다. 앞으로 기회가 된다면 정치를 하고 싶다. 특히 아이들이 아이답게 성장하는 학교를 만들고 싶다. 공부보다 사람이 더 먼저인 독일의 교육제도를 한국의 열성 교육에 접목시키고 싶다. 아름다운 교육이란 종합예술과 같은 것이어서, 자기만의 독특한 개성적인 삶을 살 수 있는 인간을 만드는 동시에, 사회에 공헌하는 인재를 양성하는 일이다. 즉, 사회에 존중 받으며, 개인 스스로 주인이 되는 인재 양성이다.

정말 욕심이 끝없으신 것 같군요. 이제 정리해주세요.

또 제 자랑 같은데, 나는 그림을 잘 그려서 학창시절에 상을 받은 적도 있었다. 취재 수첩에는 사진도 찍지만 볼펜으로 그림을 그리기를 좋아한다. 물론 기사는 실렸지만 아직 그림이 세상에 공개된 적은 없다. 그리고 평소에는 클래식 음악 듣기를 좋아한다. 연주를 좋아해서, 언젠가 남편의 환자가 명품 바이올린을 선물한 적이 있는데, 바이올린 연주를 좋아한다. 그리고 가와이 그랜드 피아노를 갖췄는데 피아노 연주도 좋아한다. 나는 중학교 시절에 취미로 작곡을 한 적이 있었고, 고등학교 시절에는 아이들에게 명작을 들려주기도 했다.

한인회장으로 계시는 동안 에피소드 같은 것이 있나요?

이제 광부 간호사, 혹은 다른 사연으로 오신 분들의 연세가 많아지고 있어 교민 복지나 봉사활동이 매우 중요하다는 사실을 깨달았다. 한인회장이 되고 나서 얼마 지나지 않았을 때였는데, 무슨 추천서를 받으러 갔다가 고지혈증에 이 치료를 해야 하는 노인을 만났다. 그런데 그 병을 그때 발견해서 상한 발가락 뼈 치료를 마쳤다. 그런데 어느 날 연락이 안 되었다. 급히 수배해 보니 혈압이 높아서 쓰러진 줄을 알았다. 급히 앰뷸런스를 불러 병원에 후송되어 목숨을 건졌다. 한인회장이 매우 중요한 자리라는 사실을 알게 되었다.

사실은 면담을 하면서도 연신 부엌을 드나들었다. 그래서 거의 끝나갈 무렵에야 여태 주방에서 분주했던 이유를 말했다. 면담 이 정도면 됐지요? 저, 지금 급히 나가 봐야 해요? 오늘 점심 때 에센 한인회 모임 날인데, 육개장을 가져다 식사를 대접해야 한다는 것이다. 그녀가 다시 분주해지기 시작했다.

만난 사람 (11)

광부로 들어와 노동운동가의 길을 걷다
● 강무의 ● 편

= 강무의. 그는 광부로 독일에 들어와 노동운동에 앞장섰다. 지금도 어떤 이슈가 있으면 앞장서려고 하지만 요즘은 세상이 변한 탓에 그럴 일이 많지 않다. =

고향 이야기부터 들려주세요.

충청남도 부여가 고향이다. 아버지가 6.25 때 대한청년단에 세를 줬다는 이유로 공산당원들에게 끌려갔다가 죽을 고비를 겪고, 척추 결단으로 10년 동안이나 거동을 못했다. 어머니가 삯바느질을 해서 겨우 먹고 살았다. 당시야 가난한 사람들이 많기도 했지만 14살 때까지 밥 한두 끼를 먹고 살았다.

독일에 들어오신 동기부터 들려주세요.

나는 공부도 하고 가난을 이기려고 서울로 올라왔다. 그러나 공부할 기회를 얻지 못했다. 기술자로 일하면서 중학교 검정고시는 했으나 고등학교 검정고시는 도중에 포기해야 했다. 영어를 독학으로 극복하지 못했다. 주물 보일러 기술자가 되어서 현대보일러 회사를 다녔다. 그 뒤에 배운 기술이 문틀, 창호 기술을 배웠다. 그 기술은 원래 일본에서 배운 기술자로부터 전수받은 것이었다. 독일 오기 3년 전에 김포공항의 모든 알루미늄 새시 공사를 도맡아서 했다.

그 뒤에 뭘 해보려다 순탄하지 않아 어음이 부도나는 바람에 어려움에 빠졌다. 마침 둘째 형이 해외개발공사 있었는데, 독일 정부에서 한국 정부에 노동자 파견 요청이 있다고 해서 이에 서류를 내어 들어오게 되었다.

초기, 독일 생활에 대해 들려주세요.

1997년, 독일에 들어와서 3개월 만에 노동 투쟁 전면에 나서게 되었다. 처음에 두이스부르그 철공장에 투입되었다. 노동 조건으로 3개월은 임시직으로 교육을 받는 기간으로 정하고 월 1천 마르크에서 1천8백 마르크까지 받기로 되었다. 당시 노동자 147명이 들어왔는데 3일 만에 한인회를 만들었고, 내가 회장으로 선출되었다. 105명이 700마르크에서 1,000마르크를 받았고, 42명이 돈을 못 받았다. 이런 사태가 벌어지자 "회장인 네가 책임지고 회사와 담판을 지어 돈을 받아내라."는 것이었다. 동료들이 내 등을 떠밀어서라기보다, 외국 노동자라고 깔보고 이러는구나 싶어서 의분 같은 것이 생겼다. 회사에 항의하기 위해 통역을 대동하고 사장을 찾아갔다. 따졌더니 42명이 일을 못해서 돈을 주지 않았다는 대답이 돌아왔다. 나는 "그것은 이유로 적절하지 않으며, 일을 잘 못했다는 기준이나 근거가 무엇인가?"고 따져 물었다. 그러나 일을 못한 것이 분명하다는 것이다. "다시 확인해 봐라. 그들만 일을 못했을 리 없다." 하고 재촉했다. 사장은 "독일인 책임자가 매일 경과보고를 하는데 보고가 그렇게 올라왔다."고 했다. 그래서 우리는 사무실을 나와서 독일인 반장을 만나 사장의 말이 사실인지 물어봤다. "네가 보고 할 때 정말 일을 못했다고 보고했느냐?"고 묻자 독일인 반장이 펄쩍 뛰었다. "아니다. 모두 똑같이 일을 잘했다." 우리는 "노동자 42명이 일을 못했다는 당신의 보고 때문에 봉급을 받지 못했다."고 하자 독일인 반장이 "그렇다면 나와 사장에게 함께 가자." 하고 흔쾌하게 나서줬다. 이렇게 증거를 뚜렷이 들이대자 사장이 당황했다. 그러나 사장이 얼른 둘러댔다. "2주 후에 직원회의가 있으니 협의해서 다음 달에 임금을 주겠다." "그렇다면 그 말을 믿고 기다리겠다." 하고 돌아왔다.

그러나 이는 기만이었다. 이번에는 42명 중 13명만 임금을 줬다.

다시 항의 방문하니 회의를 못했으니 다시 결정하겠다고 또 미루는 것이었다. "그렇다면 또 기다려 보자." 하고 돌아왔다. 다음 달에도 20명을 주고 다시 10명이 월급을 받지 못했다. 이제는 더 참을 수 없어서 그간 일어났던 과정들을 기록하여, 문건을 독일의 신문 방송사에 호소문을 보내고, 동시에 각 유관 기관 120여 군데에 문건을 발송했다. 호소문을 보내고 12시간이 지났을 때였는데, 새벽 4시부터 신문 방송에서 보도가 터져 나오기 시작했다.

금방 효과적인 반응이 나왔군요.

그렇지. 그런데 가장 먼저 대사관에서 나와서 진상을 알아보고 보호해주기는커녕 여권을 압수해 가버린 거야.

여권이 없으면 곧 추방을 의미하는 것 아닌가요?

그렇지, 체류를 못하지. 12일 만에 딘스라켄 교회에 들어가 투쟁을 계속했지. 이때 마침 독일 종교청에서 관계자가 나와서 "의로운 일이니 투쟁을 포기하지 마라. 신변은 물론 모든 경제적인 문제도 보장해주겠다."는 약속을 해줬다.

종교청이 큰 힘이 되었겠군요.

당시는 이삼열 박사가 박사학위 과정을 막 끝낸 뒤였는데, 그를 통해 독일 종교청 사회사업 건으로 나를 한국으로 들어가도록 권유했다. 그뿐 아니라 깡패를 동원하여 테러를 시도했다. 이를 알고 독일 종교청에서 나서서 대사관에 항의를 했다. 이 사태를 정식으로 검찰에 고발하여 특별 검사제가 도입되었다. 내가 묵고 있는 집에 특별 검사 2명이 배치되어 24시간 근무하면서 신변을 보호해줬다. 당시는 회사에서 일을 할 때였으니까 테러로부터 보호해 주기 위해 접근 금지령까지 내려졌다. 대사관도 철저하게 감시했다. 나중에 안 일이지만 통역 5명 중 3명이 대사관 앞잡이였다. 나의 일거수일투족을 관찰하여 1주일에 1-2회씩 보고했다. 나중에는 내 동향을 7명이 감시하여 한 장의 보고서를 만들어서 보고하는데, 여기서 한 사람이 양심선언 식으로 자수를 했다. 6명의 정보와 명단을 증거로 제출하고, 여기다 보내지 않은 편지 2통도 증거로 내놨다. 결국 6명은 한국으로 추방당했다.

그 뒤, 노동운동은 어떻게 되었습니까?

신문 방송에서 연일 취재했고, 무료로 변호사가 선임되었고, 여권이 없는 상태이니 정치 망명을 신청하여 받게 되었다. 그때부터 22년간의 기나긴 망명 생활이 시작되었다. 결국 김영삼 대통령 시절까지, 1996년에 한국에 들어가서야 비로소 망명자 신분에서 벗어났다.

이 외에 기억나는 것이 있으면 들려주세요.

1974년 10월부터 1979년 10월초까지 대사관을 점령하자는 계획을 세우고 있었다. 그런데 10.26사태로 박정희가 사망하는 사태가 벌어졌다. 10월 27일에 분향소가 만들어지자 15명이 긴급회의를 열어 이를 분쇄하기로 결의했다. 이 15명의 기획에 30명이 동조했고, 결국 50여 명이 대사관을 점령했다. 바로 입구에 분향소가 있었는데, 우리가 쳐들어가서 설치된 시설을 박살내버렸다. 대사관 직원들 모두 도망가고 박 아무개만 남아 있었다. 바로 플래카드를 들고 시위에 들어갔다. 독일 경찰이 출동했지만 대사관 안으로는 들어오지 못하고 밖에서 구경만 하고 있었다. 2시간 쯤 지나서 대사관에서 요청했는지 독일 경찰이 최덕신 대사를 대동하고 대사관으로 들어왔다. 대사와 협상을 했다. 다른 조건 없이 "시위대가 대사관에서 나가만 달라."는 요구를 수용하기로 하고 철수했다.

망명자 신분으로 오랜 세월 동안 고생 많으셨군요

말이 그렇지 간단하지 않았지. 중앙정보부에 들어가 조사를 받았어. 그중에 중심이 되는 이슈가 "이북 다녀온 간첩이라는데 맞는가?"였다. 알고 보니 간첩단과 접촉했다는 거짓 보고서가 10여 차례 이상 보고되어 있었다는 사실을 알게 되었다. 결국 이는 여러 사람들의 증언으로 근거가 없다는 것을 확인하고서야 혐의를 풀었다. 집으로 돌아왔더니 형님이 나를 보더니 "남산에 끌려갔다가 뺨 한 대 맞지 않고 나온 사람은 너 하나뿐이라더라."며 반겼다.

망명자 신분으로 살면서 어려운 일이 없었습니까?

왜 없었겠는가? 길에서 아는 한국 교포와 마주치면 그가 먼저 황급히 피했지. 나랑 대화를 하는 것부터 겁을 냈으니까. 이 밖에도 많은 핍박을 받았다. 내가 한 일이라는 게 뭔가? 결국 동료 월급을 제대로 받아주겠다고 나선 게 잘못이란 말인가? 나는 이 모든 아픔이 못사는 나라이기 때문에, 분단국가라는 아픔에서 오는 것이라고 본다. 그래서 남북문제를 해결해야 한다고 생각했다. 그 생각 끝에 '조국통일을 위한 해외 기독자회'를 조직했다.

조국통일을 위한 해외 기독자회? 혼자서요?

한국교회협의회 이영빈, 이화선 목사님이 뜻을 같이했다. 독일 종교청 관할로 한국교회협의회에서 장성환 목사가 1974년 3월에 들어왔는데, 그 강연에 학생들 300명이 참여했다. 이렇게 되자 교인들이 다 흩어졌다. 결국 출석 교인 3-400명으로 복구하는데 오랜 시간이 필요했다.

'조국통일을 위한 해외 기독자회' 에 대해 더 말씀해주세요.

조직이 결성되자 초기에는 북한에도 연락을 했다. "조국통일을 위한 모임을 갖자."고 2년 동안 4-5회 이북에 연락을 취했으나 아무런 답변이 없었다. 당시 덴마크에 체류 중이던 임 아무개 범민련사무국장에게 공문을 보냈다. 그가 덴마크 이북 대사관에 편지를 보냈더니 "조국통일을 위한 해외 기독자회는 미국 앞잡이 단체가 아니냐?" 는 질문이 돌아와 임 아무개 사무국장이 조국통일을 위한 진정한 단체라는 사실을 설득했다. 그 결과 1주일 뒤에 빈에서 만나자는 연락이 왔다. 그리고 대표자 3명을 보내라는 연락에 회장 이화선 이영빈, 편집국장인 나, 조직부장 겸 총무 김순화 씨 4명이 빈으로 갔다. 만나본 결과 반응이 좋았다. 이 사실이 독일 TV에서 45분을 방영해주는 등 우리의 활동에 호의적이었다. 그러나 일부 교민들 사이에서 '성경을 낀 빨갱이 단체' 라는 비난을 받는 등 시련이 적지 않았다. 비록 오래 지속되지는 못했지만 통일운동의 한 움직임으로 기록될 만한 활동이라고 본다.

강 선생님의 이곳 생활을 간단히 정리해주세요.

그동안 나뿐 아니라 여러 사람들이 교민 사회 권익 활동을 많이 했다. 1974년 3월 본에서 데모를 벌였던 일이나, 파독 노동자들이 작업하는 데 지장이 없도록 작업 환경을 개선한다거나, 직장 배정이 투명하게, 부정기 직원을 정식 직원으로 임명되도록 건의하는 등 노동자 권익 활동을 많이 했다.

그러나 요즘은 독일 사회 및 교민 사회도 많이 바뀌었다. 그렇지만 이런 가운데서도 반드시 필요한 활동이 뭔가 있을 것이다. 봉사활동도 그중 하나일 것이다.

만난 사람 (12)

광부 간호사 가정으로 억척스런 삶을 살다
● 박정자 ● 편

= 경북 상주가 고향이다. 누구나 그렇듯이, 사는 게 바빠 고향에서 10여 명이 함께 왔으나 서로 만나지 못하고 살아간다고 했다. 그나마 서로 살아 있으면 가끔 안부전화라도 주고받지만 소리 소문 없이 세상을 뜨신 분들도 많다. =

고향이 어디세요?

경상북도 상주에서 태어났다.

저는 영동 황간 백화산을 바라보며 자랐는데, 산 너머가 상주라는 말을 들었습니다. 거의 동향이나 다름없네요.

나도 백화산이 잘 보이는 곳에서 자랐다.

어떻게 간호사가 되셨나요?

난 서울로 학교 갈려고 준비했는데, 엄마가 김천간호학교를 고집했다. 그때 언니는 이화여대, 여동생은 진명여중, 모두 서울에서 학교를 다니고 있어서 나도 서울 올라가서 공부를 하고 싶었다. 그런데 김천간호학교에 합격했고, 집안에서 너무 기뻐해서 다른 학교 시험 치르는 것은 엄두도 낼 수 없었다. 김천간호학교는 3년제였는데, 등록금이 무료였다. 당시 시골에서는 등록금이 들어가지 않는 학교 입학은 먼저 효녀 자격이 되었다. 18개 군에서 대표자 한 명씩 특차로 뽑는데 뽑혔으니 행운도 따랐다. 간호사 18명이 자격시험에 응시하여 전원 합격했다. 당시 대한적십자사에는 100명이 넘는 인원이 응시했는데, 여기에 합격해서 대한적십자사에 근무하게 되었다.

독일에 오시게 된 동기부터 말씀해주세요.

1970년 10월 20일, 해외개발공사에서 파독 간호사 모집에 응시하여 합격했다. 당시 26세였는데 내가 독일에 간다고 하니까 집안에서 "절대 안 된다."고 반대에 나섰다. 난감했다. 그래서 기껏 부린 꾀가 "3년 계약으로 떠나지만 중도에 귀국하겠다."는 말로 부모를 설득했다. 예나 지금이나 자식 이기는 부모 있나? 그런데 그 3년 약속이 평생이 되었다.

독일 어디로 들어와 어디서 생활하셨나요?

프랑크푸르트 공항에 내리자 병원 원장과 수녀 간호원장이 마중 나와 12명이 가톨릭병원(Pius Hospital 4434 Ochtrup)에 도착하여 근무를 시작했다. 프랑크푸르트에서 자동차로 7시간 거리에 있는데, 폴란드 국경 가까운 곳이었다.

당시 12명 중 연락이 되는 분이 몇이나 되나요?

나는 결혼하고 나서 남편을 따라 광산촌인 뒤셀도르프로 이사했고, 다른 11명은 계약 끝난 뒤 한국으로 돌아갔다고 들었다. 모두 소식이 두절된 상태다. 우리 서로 연락하고 살자고 했고, 어느 때인가 MBC에서 마이크 들이대고 친구를 한번 찾아보라고 했을 때 이상하게 이름을 모두 까맣게 잊어 생각이 나지 않았다. 나를 기준으로 삼으면 나이가 더 많은 결혼한 언니들도 있었고, 나이가 더 어린 처녀들도 있었다. 세월이 물처럼 빠르게 흘러갔다.

초기 12명이 지내던 시절 말씀 좀 해주시지요.

12명 중에 6명은 간호사, 6명은 보조간호사였다. 간호원장이 나를

12명의 책임자로 선택했다. 나는 각 지역에서 온 12명을 화목하게 관리했다. 서로 모범이 되는 한국의 간호사가 되자고 다짐하며 지냈다. 그야말로 한국의 백의의 천사는 그 동네에서 인기가 있어서 주말에 쉴 때마다 독일인 가정의 초청을 받기도 했다. 이렇게 잘 적응했다.

간호사 시절, 어려운 일이라면 어떤 것들이 있었나요?

나는 하는 일에 대해 불만이 컸다. 한국에서 간호사로 일할 때는 간호사와 간호보조원이 하는 일이나 역할이 달랐는데 독일에서는 간호사가 보조원이 하는 일을 해야 했다. 병동에서 환자 돌보는 일만 하다가 여기서 하는 일이 당황스러웠다. 솔직히 처음에는 이런 현실에 불만이 많다. 3년을 버티겠다고 생각했지만 당장이라도 비행기 표만 구해주면 곧 떠나고 싶은 심정이었다.

그러나 언어 소통을 위해 독일어 공부를 하면서 동시에 엑스레이 찍는 기술을 익혔다. 외래 환자의 특정 부위를 사진 찍어서 현상하고, 사진을 들고 외과 의사에게 주면 의사가 환자의 상태를 진단하여 설명하는 엑스레이 활용 구조를 알았다.

언어 소통의 어려움도 있었다. 언어 습득은 집에서, 그리고 직장에서는 콘사이스사전을 들고 다니면서 공부했다. 당시 누구나 그랬겠지만, 한국의 여성들의 집념이란 무서울 정도였다. 그런 노력의 결과로 현지 독일인들로부터 인정을 받거나 대접을 받는 계기가 되었다고 본다. 신뢰가 쌓이면 의사가 자신의 집에 간호사를 초청하기도 했다.

그러면, 독일 의사의 호감을 사셨던 간호사였나 봐요?

나는 독일 의사와 간호원장에게 신임 받는 한국 간호사가 되었다. 부지런하고, 일 잘하고 친절한 한국 간호사로 인정받아 한국에서 간호사가 들어올 때마다 공항으로 마중 나가는 일을 맡았고, 한국 간호사 60명의 대표로 병원 일을 하지 않고 간호사를 관리 담당하는 역할을 맡기도 했다.

초기의 독일 생활에 대해 재미있는 이야기 좀 들려주세요.

어떻게 알았는지 같이 외로운 처지의 광부들이 먼저 찾아왔다. 내게 유독 관심을 가진 남자가 있었는데, 나는 그에게 "난 바쁘니 절대 오지 마라."고 단호하게 거절했다. 그런데 열 번 찍어 안 넘어가는 나무가 없다더니 "충북 괴산의 유백수가 집안도 좋고 사람도 좋다."고 바람 넣어서 진해서서 결혼하게 되었다. 한국에서 양 부모가 서로 만나보고 나서 "결혼해도 좋다."는 승낙에 따라 결혼하게 되었다.

그런데, 독일의 몇 간호사와 의사들이 내 남편과의 결혼을 반대하기도 했다. 그도 그럴 것이 남편은 광부의 광자도 모르는 사람, 노동 경험조차 없는 사람이었다. 그 남자는 갑자기 어머니가 세상 뜨자 큰 상실감에 빠지게 되었고, 아버지 재혼시켜주고 도피하듯 독일로 온 사람이었다. 거친 일은 해보지 않은 사람이었다. 어쨌거나 1972년에 결혼하고, 병원에서 나와 남편을 따라 광산촌으로 옮겨갔다.

그러면 남편이 광산 일에 잘 적응하신 건가요?

아니다. 남편은 별로 일을 한 경험이 없어서 광산 일을 무척 싫어했다. 1년 정도 지나자 광부를 그만뒀다.

그러면 신혼에 남편이 일자리를 잃은 셈이네요.

광부 일을 그만두게 되자, 간호원장이 남편을 잘 보아서였던지, 군대 있을 때 3년 위생병이었다는 경력으로 남자 간호사로 인정하여 요하네스 병원에 일자리를 알선해줬다.

그 즈음, 나는 그 병원에 마땅한 사람이 없어서 수간호원이 되었다. 독일 기준으로 보면 외국인 여자가 수간호원이라니, 좀 어울리지 않게 보았겠지만, 이를 불식시키기 위해서라도 일을 더 열심히 해야 했고, 공부도 더 많이 해야 했다. 당시 그 병원 한국 간호사 10명이 모두 일을 잘하게 되니 2차 3차로 더 많은 한국인 간호사를 데려오게 되기도 했다. 그 병원에서는 한국 간호사만 채용하라는 방침이 생길 정도였다. 이렇게 되니 한국 출신 간호사로서 자부심도 생겼다. 애국이라는 것이 뭐 거창할 수도 있겠지만, 이런 것이 애국 아닌가.

남자 간호사가 된 남편 이야기 좀 더 들려주세요.

남자 간호사가 되려면 3년 과정의 공부를 해야 한다. 앞에서 말했지만, 남편은 3년간 군에서 위생병으로 일한 경력을 인정받았다. 이에 보답을 하듯이 남자 간호사가 된 남편은 맡은 바 임무에 충실하고, 환자들에게 친절하여 신임을 얻게 되었다. 세상 누구나 그렇겠지만, 특히 독일 사람들은 한번 신의를 가지면 끝까지 믿는다. 우리 부부가 금전적인 어려움이 있어도 도움을 청하면 별 어려움 없이 가불을 해주는 정도가 되었다.

우리에게도 남자 간호사는 예나 지금이나 좀 낯선데, 당시 독일에 남자 간호사가 많았나요?

그렇지 않다. 독일에서도 여자와 마찬가지로 3년 과정의 간호학교에서 공부하고 일정한 졸업 학점을 이수해야 자격증이 주어진다. 독일은 남자 간호사가 비교적 많은 편이었는데, 그 병원에는 남자 간호사가 부족했고, 남자 간호사로 남편은 환자들에게 인기가 좋았다.

병원에 있으면서 어려웠던 일이 있으면 말씀해주세요.

먼저 무엇보다도 어려운 일은 향수병에 시달렸고, 그다음은 한국 음식이 먹고 싶은 것이었다. 여기 주식인 빵을 씹는 것이 마치 모래를 씹는 것처럼 고역일 때도 있었다.

더러는 일하기 싫어하는 광부가 오래 입원하려고 해서 어려움을 겪기도 했다. 물론 환자가 불편하면 완치될 때까지 돌봐줘야 한다. 그렇지만 아픈 데가 없으면서도 입원해 있으려 하면 오해하지 않도록 환자를 잘 설득해야 한다. 이렇게 기분 상하지 않게 사람을 달래는 일이 결코 쉽지 않았다.

또 한 가지, 함본 두이스부르크 장트요하네스 하스피틀은 가톨릭 계통의 병원인데, 수녀들로부터 엄한 교육을 받았다. 냉장고 등을 위생적으로 관리하는 법이거나, 병원 안에서 걷는 걸음걸이는 고양이 걸음으로 조신하게 걸어야 했다.

독일 간호사 생활에 대해 정리해주세요.

오래전에 간호사 직을 떠났지만 독일 생활의 바탕이 된 간호사. 나는 지금도 나이팅게일 선서를 잊지 않고 살아가고 있다.

남편이 간호사를 그만두셨다는데, 그 이야기 좀 들려주시지요.
　나는 간호사로 있고 싶어 했고, 남편은 얼마쯤 자나자 간호사 일을 싫어했다. 당시 남편이 하고 싶은 사업이 식당이었다. 남편이 이를 위해 한국에서 10만 마르크 정도를 가져왔고, 그동안 우리가 번 돈이 모두 투입이 되었다. 식당 권리금에 수리비, 각종 물품 구입비 등 소소하게 돈이 많이 들어갔다.
　1979년부터 식당을 개업해서 2008년까지 운영했으니 성공한 셈이다. 남편이 한국에서 요리사를 데려와서 일을 시켜야 한다고 고집해서 한국에서 요리사를 구했다. 한국인 요리사가 요리하는 한국 식당이 거의 없었던 초기여서 우리 한국 식당이 인기가 좋았다. 남편 계획이 맞아떨어진 것이다. 모든 식당 장식품도 한국에서 직접 가져다 썼다. 독일 사람들조차 입이 딱 벌어질 정도로 장식도 세련되었고, 손님들에게 제대로 된 음식을 대접해서 성공을 거뒀다.

그러면 결국 식당 사업도 접으신 셈이네요.
　함부르크에서 2008년까지 사업을 하다가 접고 이듬해 프랑크푸르트로 이사를 왔다.

독일 삶에서 겪은 아픔이라면 어떤 것이 있었나요?
　글쎄, 꼭 독일이 아니어도 사람이 살면서 누구나 겪을 수 있는 일이지만, 2008년도에 사업을 그만두던 해에 남편이 세상 뜬 일이 가슴 아프다. 반려자를 잃게 되자 하늘이 까맣게 내려앉았다. 남편이 세상을 뜨고 한동안 상실감에 빠져서 살았다.

가족 이야기 좀 들려주세요.

내게 남겨진 가족은 딸 둘인데, 37세 38세 연년생이다. 둘 다 독일에서 태어나 얼굴만 한국 사람이고 언어나 관습 풍습이 독일인들과 똑같다. 둘 다 공부도 잘했고, 독일인과 결혼해서 행복한 생활을 하고 있다. 큰딸은 교장 선생님 남편을 뒀고, 손주 5살, 손녀 3살이다. 둘째 딸은 변호사 남편과 잘 살고 있다.

상실의 아픔을 어떻게 극복하셨나요?

2009년부터 합창단에 들어가 노래 부르며 외로움을 달랬다. 한국에서 오신 수필가 정목일 선생이 "수필 좀 써봐라." 하는 권유를 받고 수필도 습작 삼아 쓰고 있다. 한국의 소설가 박 아무개가 사촌 동생인데, 내게도 문학적 소양이 있는지는 잘 모르겠다.

혹시 종교를 가지고 계신가요?

나는 병원에서 일할 때부터 천주교 수녀님의 삶에 호감이 갔지만, 노년에는 불교를 선택하게 되었다.

지금 고향에는 친척 누가 계신가요?

한동안 서로 소식을 듣고 살아갈 때는 누가 서울로 이주해 갔다는 소식을 듣기도 했고, 고향에 누가 남았다고 들었지만 지금은 다 세상을 뜨고 연락이 닿는 사람은 거의 없다. 아버지는 남편이 세상을 뜨던 해에 돌아가셨고, 어머니는 몇 년 뒤에 세상 뜨셨는데, 지금은 안성 묘지에 묻혔다. 요즘 연락되는 사람은 여동생인데, 남편이 미주 XX일보 사장 임 아무개다.

앞에서 해방둥이라고 소개하셨으니, 아직 정정해 보이십니다. 장차 하시고 싶은 일이 뭔가요?

주변에서 병을 앓거나 세상을 뜨는 사람들을 보면서 "이번에는 내 차례구나." 하는 생각이 들기도 한다. 하지만 내일 일을 누가 아는가? 애들은 각자 저 살기에 바쁘고, 그들에게 폐를 끼치지 않고 혼자 의미 있게 살아가는 것이 소중하다는 생각이 들기도 한다.

요즘 주로 하시는 일이 뭔가요?

지금 즐거운 일은 합창단에서 노래 부르고, 다리가 아프지 않는 범위에서 춤추고, 남은 시간에 책 읽으며 지낸다. 현재 사회 일로는 겨레얼 살리기 국민운동본부 프랑크푸르트 지부 재정부장, 남부 영남 향우회 재정부장을 맡고 있으며, 교포 2·3세를 상대로 한글에 대해 관심을 갖도록 하는 일을 한다. 그리고 요즘은 고향이 그리울 때는 외로움을 달래주는 "아직도 못다 한 사랑(솔개트리오)"을 들으며 향수를 달래곤 한다.

주로 재정부장을 맡고 계시는군요. 그 방면에 무슨 특기라도 있으신가요?

특기는 무슨 특기. 계산을 좀 정확하게 한다는 것 정도지. 그나저나 나는 아무래도 법대를 갔어야 했다. 다툼이 있는 경우 나는 비교적 판결을 공정하게 잘 내린다는 평가를 받는 일이 많았다.

더 하시고 싶은 말씀 좀 해주세요.

절친하게 지내던 간호학교 친구들이 보고 싶네. 생각나는 대로 이영애 백남성 신기숙 신경숙 서옥주 김소자 박을현 강승자…… 이런 친구들이 서울에서 산다고 들었는데, 이 기회에 서로 소식 좀 나눴으면 좋겠네.

건강은 어떠세요?

나이가 들어서 그런지 소소하게 아픈 데가 많다. 요즘은 무릎 좀 아프다. 아프지 않고 건강하게 살다가 죽으면 그게 남은 소망이지.

부디 소망대로 건강하게 오래 사실 겁니다. 정말 건강하시고 오래 사세요. 더 하실 말씀이 있나요?

내일이라도 한국으로 떠나겠다는 생각을 하면서 독일에서 살아왔는데, 올해로 꼭 48년이나 연장된 삶을 살았다. 어떻게 들릴지 모르지만, 지금도 연장해가면서 살아가는 기분이다. 내가 남편을 떠나보내고 혼자 사는 삶, 외로운 나날을 살아가고 있지만 이 정도면 낯선 땅에서 잘 살아냈다고 자부한다.

제가 봐도 그렇습니다.

2008년도에 갑작스럽게 사랑했던 남편이 뇌출혈로 쓰러졌을 때, 현대의학이 제일 발달한 대학병원에서도 살려낼 수 없었던 기막힌 현실 앞에 나도 한동안 삶의 의욕을 잃었다. 지난날, 삶을 위해 그토록 발버둥쳤는데 그렇게 허망하게 세상 뜨다니, 지금도 그 생각만 하면 우울해진다. 남은 가족을 두고 차마 어떻게 떠날 수 있었을까 싶었는데, 기어이 혼자서 멀고 먼 여행을 혼자 떠나시더군.

그녀의 남편에 대한 말은 한없이 길고 절절했다. 어디서 어떻게 말을 끊어야 할지 오래 망설였다.

만난 사람 (13)

부부의 화음으로 독한 가정을 꽃피우다
● 김승숙, Kim-Heil, Seung-Sook ● 편

= 아직 소녀같이 수줍음을 타는 모습으로 나타난 김승숙. 그녀는 독일인과 결혼해서 가정을 이뤘다. 한동안 교민사회에서 섬처럼 떨어져 있다가 최근에야 교민들과 어울리기 시작했다. 밝고 쾌활했으며, 인터뷰 내내 "나는 누구에게 들려줄 만큼 특이한 삶을 산 것도 아니어서 자신의 이야기는 꼭 남기지 않아도 된다."는 겸손의 말을 거듭했다. =

아직 소녀 같아요.

어머! 그래요? 저는 1947년 6월 15일 생으로, 얼마 전에 생일을 맞이했으니 꽉 찬 70이네요.(스스럼없이 나이를 짚어준 셈이다.)

고향과 가족 소개부터 해주세요.

제가 태어난 곳은 광주시 중흥동. 아버지는 1994년쯤, 어머니가 2014년에 96세로 세상 뜨셨다. 형제는 7남매였는데 2녀 5남 중 5번째, 독일에 들어온 뒤에 막내가 먼저 세상을 떴을 때 너무 마음이 아파 당장 집으로 돌아가고 싶었다. 하지만 홀로 먼 하늘만 바라보면서 엄청 울었다.(시작부터 아픈 사연을 떠올려 손수건에 눈물을 찍어냈다.)

독일에 오신 동기는요?

1965년도에 독일에 들어왔다. 광주 숭의학교를 다녔는데, 독일 이수길 박사님의 베타니엔 크랑캔하우스 교류를 통해서 들어왔다. 1963년부터 교류가 있었다고 들었다. 나는 1965년 고등학교를 졸업하고 그해 5월에 독일로 들어와서 어학연수를 받으면서 병원에서 일을 시작했다. 수녀들이 운영하는 병원인데, 한 달에 40마르크씩 받았다. 3년 동안 간호학교 학생이 되어 60마르크, 80마르트, 120마르크씩 받다가 간호학교를 졸업하고 다른 병원(마쿠스 Markus, 크랑캔하우스 독일 병원)에서 1969년도에 정식 간호사가 되어 근무를 시작했다. 그때 월급이 300마르크쯤 되었나? 뚜렷한 기억은 아니다.

다른 파독 간호사와 좀 특이한 경우로 보이는데요. 어려움이 없으셨나요?

누구나 겪는 아픔이었겠지만, 간호사가 될 때까지 고향에 가지 못한 향수병에 시달렸다. 독일 현지 언어 소통이 너무 힘들어서 향수병에 더욱 시달리게 된 것 같다. 그나마 함께 온 친구들이 있어서 많은 위로가 되었다. 그때 고등학교 친구들 6명이 함께 들어왔는데, 각 방에 2명씩 지냈다. 그중 한 명은 도중에 한국으로 귀국했다. 또 한 명은 안타깝게도 세상을 뜨고, 4명이 현재 거주하고 있는데 지금도 가까이 지내기도 하지만 연락이 두절된 친구도 있다.

향수병이야 공통된 화제로 오르지만 김 여사님의 경우 좀 심한 것 같아요.

내가 생각해도 그렇다. 지금은 여기서 가정을 이루고 살고 있지만, 항상 언젠가는 고향에 가서 살겠다는 희망으로 살아왔다. 그런데 그런 생각이 좀 이상한 것 같다. 여태까지는 그런 향수병에 젖어서 살았는데 한국에 계신 어머니도 세상 뜨고, 여기서 손주들을 보고 나니 비로소 고향에 돌아가 살겠다는 생각이 바뀌더라.

독일 생활에서 또 다른 어려움이 있었다면 어떤 것일까요? 그 얘기 좀 들려주세요.

뭐 큰 어려움은 없었다. 하기야 누구의 삶이든 정도의 차이일 뿐이지 어찌 삶의 아픔이 없겠는가.

독일인 남편은 어떤 분인가요? 소개해주세요.

남편은 전형적인 독일인으로, 매사에 정확한 사람이다. 다른 문화, 다른 성품의 사람이라는 점에서 엄청난 벽이 느껴질 거라는 생각을 했지만 살다보니 그런 거리감은 별로 느껴지지 않았다. 그냥 그날의 삶 속에서 소소한 충돌이 있었을 뿐이다.

그러면 고부간의 사이는 어땠나요?

남편이 외아들이라 시어머니와 함께 있다가 결혼하게 되니 외아들에 대한 간섭이 지나쳐서 시어머니와 한때 사이가 좋지 않았던 적이 있었다. 물론 집은 떨어졌어도 가까이 살면서 자주 찾아와 간섭했는데, 나중에 알고 보니 계속 아들의 뒷바라지를 해주고 싶었던 것이다. 나는 그것을 간섭으로 잘못 이해를 한 것이다. 나중에야 내가 서운하게 여겼던 것이 잘못이라는 사실을 깨달았다.

시어머니가 갑자기 세상을 뜨셨는데, 세상을 뜨고 나서야 "좀 더 잘해드릴 걸." 하는 후회가 들기도 했다.

남편은 무슨 일을 하셨으며, 요즘 생활은 어떤가요?

남편은 국가건강보험회사 공무원으로 정년퇴직했고, 나는 간호사로 퇴직하여 두 사람이 연금을 받으니 경제적으로 별 어려움 없이, 건강하게 잘 살고 있다.

남편은 어떻게 만나셨나요?

남편이 병원 환자로 들어왔는데, 퇴원한 뒤 자주 편지를 보내 주어서 서로 연락을 하다가 사랑이 싹터서 결혼까지 하게 되었다.

남편의 어떤 점이 끌렸던가요?

글쎄. 내가 무척 외로울 때 친절하게 대해준 사람이어서 끌렸던 것 같다. 솔직히 사랑이라기보다는 남편에 대한 존경과 따뜻한 정에 끌려 사랑으로 발전해간 것 같다.

가족은 어떻게 됐나요?

남매를 뒀는데, 초등학교 교사를 하는 딸에게서 손자 손녀 각 1명씩, 컴퓨터 프로그래머(computer programmer)인 아들에게서 손자 하나를 뒀다. 독일인 며느리인데, 고등학교 때 친구로 지내다 다시 만나 결혼을 했다. 사위 역시 독일인이고 딸과 고등학교 친구로 시내나 다시 만나 결혼하게 되었다.

손주 자랑 좀 해주세요.

딸의 손자는 한국 독일의 모습이 조금씩 섞인 모습이고, 아들의 손자는 완전 독일인의 모습인데 모두 "할머니" 하고 한국말로 부르며 살갑게 따르니 그냥 예쁘기만 하다.

간호사 시절 어려움에 대해서 말씀해주세요.

좀 어린 나이에 독일에 들어와 독일어를 체계적으로 공부했기 때문인지 언어 습득에는 큰 어려움이 없었던 것 같다. 처음에는 서툰 독일어 때문에 독일의 환자들이 한국의 간호사를 업신여긴다는 말을 들기는 했지만 그런 문제는 별로 없었던 것 같다. 게다가 나는 독일의 간호학교를 다녀서 정식 간호사가 되니 임금 격차도 크게 나지 않았다. 그리고 수녀들이 업무에서 엄하기는 하지만 친절하게 잘 대해줬다.

자녀 교육은 어땠나요? 독한 가정의 보편적인 문제던데요.

나는 아들딸에게 한국 문화를 꼭 심어주고 싶었다. 남편도 이런 내 의견에 흔쾌히 동조해줬다. 주말을 이용해서 한국어학교를 다니기도 했지만 주말에 놀거나 가족여행을 못하니까 싫어했다. 토요일마다 가기 싫다고 울고불고 해도 억지로 보내기도 했지만 그 욕심을 도중에 접었다. 놀랍게도 애 입에서 "난 한국이 싫다." 는 말이 나온 것이다. 그래서 한국말을 하면서 한국을 싫어하는 것보다 한국말을 못해도 한국을 좋아하도록 둬야겠다고 마음을 고쳐먹었다.

결국, 교육에 관한 한 못 말리는 한국 어머니가 두 손 들었네요.

그렇게 되었다. 교육이라는 것이 마음먹는다고 다 되는 게 아니더라. 한국식으로 엄마의 일방적인 강요된 교육은 결코 바람직한 것이 아니다.

지금 3세를 맞이하셨는데, 3세들의 한국에 대한 이해는 어때요? 할머니 나라에 대해서겠지요.

손주가 지금 6살, 11살인데 한국말은 전혀 못하지만 한국 음식이나 문화에 대해서는 어느 정도 이해하려고 한다. 그렇지만 한국을 가보고 싶어 하거나, 할머니 나라에 대한 호기심 정도에 지나지 않는다.

요즘, 김 여사님의 한국에 가고 싶은 생각은 어떻습니까?

젊은 날에 그토록 가고 싶었던 나라. 이제는 가고 싶을 때 당장 짐을 싸서 갈 수도 있지만 이제 가도 반기는 이가 없으니 썩 내키지 않는 나라가 되었다. 좀 이상하다. 어머니가 돌아가시고 나자 가고 싶은 생각이 함께 없어져서 '그동안 어머니가 고향이었구나.' 싶더라. 앞에서도 말했지만, 손주를 보니 더욱 단절감 같은 것이 느껴졌다. 한국에 형제들도 있지만 나이가 드니 만나긴 해도 대화도 줄고 서먹한 사이가 되더라. 아닌 말로, 나만 그런지 모르겠다.

사회 활동이나 교민 활동은 어떤가요?

젊은 날에는 직장과 아이들 교육에 바빠서이기도 했지만, 파독 간호사 중에 독일인과 결혼한 예가 별로 많지 않았다. 그렇지만 뭔가 꼭 짚이지 않는 선입관 같은 벽이 느껴져서 한동안 교민 사회에 얼굴을 내밀지 않았다. 그러나 요즘은 한국문화회관에서 하는 취미 생활 강좌도 참여하고, 자원봉사 활동도 하고 가까이 지내고 있다.

정년하신 뒤에 보람된 일이라면 어떤 것이 있나요?

한인 교회와 독일 교회의 운영위원 활동을 꼽을 수 있다. 운영위원을 하면서 같은 장소를 사용하는 외국인 교회 사람들과 많은 대화를 나누면서 서로의 입장에서 토론을 하면서 외국인에 대한 선입관을 내려놓고 그들과 가까워질 수 있었다. 그리고 한인 교회 교인으로서

Hessen-Nassau 주 교회의 총회 정회원으로 선정되어 선교와 에쿠메니 부에 속해서 여러 나라를 방문하기도 했다. 거기서 다른 종교인들과의 만남을 통해서, 그리고 많은 회의를 통해 다른 종교에 대한 벽이나 편견을 극복할 수 있었던 일들이 보람 있었다.

그러면 신앙 활동은 정년 뒤에 하신 건가요?

아니다. 앞에서 말할 틈이 없어서 못했지만, 1970년대 파독 간호사 시절부터였다. 당시 신앙은 내가 낯선 독일에 와서 간호사로 어려운 일을 당할 때마다 의지했던 피난처와 같은 것이었다. 독일 교회가 북한 교회 목사님들을 초대했을 때도 함께할 수 있었던 일들, 그리고 내가 다니는 라인마인 교회(목사 : 윤종필)가 이곳의 주교회와 광주 기독교 장로교회가 협정서를 맺어 신앙 교류 활동도 했다. 한국이 정치적으로 어려웠던 1970,80년대에는 서로 연대하며 도움을 줬던 일들, 지금도 그 파트너십은 계속 이어져 독일 목사님들과 함께 두 차례 한국을 방문하여 여러 기관 인사들과 교류하는 동안 많은 것들을 보고 배울 수 있었다. 내가 젊은 날에 의지해서 힘을 얻었으니 정년하고 나서 라인마인 한인교회에 의지하여 만년을 평안하게 보내고 있다. 이것이 축복 아닌가 싶다.

요즘 남편 되시는 분과 노년을 어떻게 보내고 계세요?

부부가 나이 많으면 대화가 적으니 서로 책 읽고 대화하며 보낸다. 1년에 17권 정도 읽게 되더라. 등산을 가거나 여행 가서도 책 읽기를 하며 시간을 보낸다. 그리고 3년 전부터 독일어로 일기 쓰기를 시작했다. 남편이 고쳐주기도 하는데, 가끔은 남편에게 섭섭하면 욕을 하기도 하고…… 이를 통해 더 가까워진 것 같기도 하다.

김 여사님의 말씀을 들을수록 포근합니다.
내내 건강하시고 행복하세요.

만난 사람 (14)

온갖 시련 속에서도 낙천적으로 희망을 꽃피우다
● 박영래 ● 편

= 작은 키에 단아한 자태의 박영래. 우선 소개받을 때까지의 직업은 아동문학가, 여행 사업가였다. 그중 첫 인상은 아주 고요한 기품이 서린 아동문학가가 가장 가깝게 보였다. 나중에 듣게 되었지만 전신 화상으로 죽음 직전까지 갔다는 말이 믿기지 않을 정도로 피부가 고왔다. 인터뷰를 하는 동안 듣게 된 삶의 여정은 결코 순탄하지 않았다. =

필자는 프랑크푸르트에서 아침 일찍 고속열차로 에센으로 이동했다. 열차 창밖으로 비가 쏟아져서 교민 테니스 대회가 연기되겠구나 싶었다. 그러나 테니스 경기가 열리는 장소는 비와 상관없이 열리는 실내 코트였다. 교민들이 모여서 각자 제 고향의 사투리를 구사하고 있어서 한국의 어느 낯익은 지역을 찾아온 느낌이었다. 팀 경기는 주로 교포 2,3세 젊은이들이 뛰고 연세가 드신 분들은 번외 경기로 치러지고 있었다. 1,2,3대가 한자리에 어우러지는 자리였다. 독일의 중서부 지역 에센은 한때 탄광촌과 중공업이 발달했던 지역이었다.

태어난 곳이 어딘가요?

1944년 3월 1일, 서울 대현동에서 태어났다. 지금은 부모 모두 돌아가셨지만, 5남 1녀 중 넷째로 자랐다.

독일에 온 동기는 무엇입니까?

부모의 사업 실패로 가정 형편이 어려운 때였다. 대학입시에 합격했지만 등록금을 낼 돈이 없었다. 1970년에 오직 돈을 벌기 위해 해외개발공사를 통해서 광부로 들어왔다. 광부 120명에 섞여서 이곳 날씨로는 한창 더운 시기였던 7월, 캄푸린트푸르트(Kamprindfrt)에 도착했다. 우리 120명은 두 기숙사로 나뉘어 안전 교육을 받으러 갔다. 교육장에서 합격된 자들만 현장에 투입되었다. 지상이든 지하든 담배를 피우지 말아야 하는 규칙을 어겨서 6명이 고국으로 돌아가는 불운도 지켜봤다. 인정상 한두 번쯤은 봐줄 것이라는 안이한 인식이 독일인들에게 통하지 않은 첫 사례였던 셈이다. 이것이 1차적으로 문화 인식과 차이에서 오는 문제였을 것이다.

작업장 투입에 어떤 기준이 있었나요?
어떤 기준에서였는지 잘 몰랐지만, 건강한 사람은 지하, 덜 건강한 사람이 지상 광산에 투입되었다. 하지만 이는 짐작이지 확실하지는 않다.

그러면, 서로 작업 환경에 따른 보수는 차이가 있었나요?
비슷했지만, 대략 딸린 식구가 많은 사람은 수당이 많고, 딸린 식구가 없는 총각은 상대적으로 봉급이 적었다. 대략 1/3정도 차이가 났다. 당시 총각인 나는 적은 편에 속했다.

1/3의 보수는 적은 액수는 아닐 텐데요.
그래도 당시 나는 별로 불만이 없었다. 나중에 알았지만 돈을 더 받고 싶어서 결혼한 것처럼 서류를 위조했다가 나중에 벌금을 내는 사람도 있었다. 이것도 문화 차이의 하나에서 비롯된 것이다. 당시 기준에서 보면 총각은 돈을 많이 벌지 못하고, 세금도 더 많이 내야 했다.

언제까지 광산에 계셨나요?
원래 계약이 1974년 9월까지였는데, 일을 잘한다고 해서 연장 혜택을 받았다. 몇 년 더 일하려고 연장했지만 광산 일을 그만뒀다. 당시 독일에 유류 파동이 나서 노동자들 모두 한국으로 돌아가야 할 판인데, 그런 중에서도 가족이 있으면 체류 허가가 되었고, 혼자 있는 사람은 체류 허가가 잘 나지 않았다. 그런데 나는 앞에서도 말했지만 일을 잘한다는 사람으로 분류되어 체류 허가를 받게 되었다.

일을 잘한다는 기준이 좀 모호한 것 같은데, 체류 허가 이야기 좀 더 들려주세요.

가톨릭에서 세례 교육을 받아서 신자가 되었는데, 신앙의 대부 대모의 도움으로 체류 연장 허가를 받았다.

체류 허가를 받고 일한 곳은 어디인가요?

제재소에서 일했다. 사진틀, 식탁, 가구, 마룻바닥, 천장에 쓰는 다양한 용도로 나무를 켜는 제재소였다. 대형 화물차로 통나무가 들어오면 기계 앞에 올려놓는다. 용도에 따라 톱으로 나무를 자르고 켜낸다. 이는 고도의 기술이 필요하다. 나무의 결에 따라 무늬가 다르게 나오기 때문에 각별한 안목이 있어야 무늬가 좋은 판을 얻어낼 수가 있다. 약 3개월 일을 시켜보고 그동안 해온 일을 보고 등급을 매긴다. 말하자면 3개월 동안 테스트를 해서 이를 종합하여 돈을 많이 받고 적게 받는 기술의 등급이 결정되는 셈이다. 최고의 등급인 마인스타 기능 보유자 5명을 선발하는데, 유고슬라비아 인도네시아 크로아티아인과 함께 한국인은 나 혼자 선발되었다. 당시 월급은 1200마르크였는데, 우리나라 기준으로 180만 원에 해당한다. 참고로 1975년 당시를 기준으로 이 금액은 우리나라 차관급 월급이다. 여기서 1976년까지 근무했다.

그렇다면 좋은 직장을 옮기셨다는 뜻이군요.

어느 주말에 아시아 카우프 식품점을 운영하던 신 아무개 사장의 제안이 들어왔다. 식품점을 차려줄 테니 영업을 맡아서 운영해 달라는 것이었다. 제안을 받아들여서 식품점 영업을 했다. 장사를 잘하니 신 아무개 사장이 아예 맡아서 운영하라고 했다. 그 당시 아시아 식품점에 참기름이 인기였는데, 공급이 모자랐다. 그래서 창고에 참기름 공장을 차리기로 하고, 한국에 가서 기술을 배워서 기름을 공급했다. 참기름은 당시 일본 대만 싱가포르 한국인들에게 인기 상품이었다. 1년 반 정도 베를린 뒤셀도르프에서 기름을 짜서 공급했다. 동시에 콩가루 공장도 가동했고, 특히 숙주나물과 콩나물 공장까지 직영했다. 콩나물 숙주나물은 가스로 적정 온도를 관리하는데, 문을 열고 성장 정도를 검사하러 들어갔다가 갑자기 폭발 사고가 일어났다. 한마디로 사망 선고에 해당하는 대형 사건이었다. 병원 응급실에 입원해 있는데, 신부가 찾아와 예배를 드리고 있을 때 나는 손발이 병원 침대에 묶인 상태였다. 안타깝게도 간호사였던 아내는 근무하러 가고, 독일인 의사가 8살 먹은 아이에게 "네 아버지가 1주일 안에 세상을 뜰 것이다."고 말해줬다는 말을 나중에 들었다. 그런데 5주 만에 기적처럼 살아났다. 3개월간 휴양지로 들어가서 휴양을 했다. 사고가 난 공장 사업을 접고 아시아꺼흐푸를 찾아가니 신 아무개 사장이 다시 받아줬다. 몸이 좋지 않은 상태라서 쉬운 일만 골라서 했다.

정말 기적이군요. 그래도 일을 하실 생각이 나던가요?

일 안 하고 어쩌겠는가? 이런 와중에 가정에 불화가 닥쳤다. 급작스런 이혼의 아픔이었는데, 그간 번 돈을 다 주고, 대신 아이 둘을

다 맡는다는 조건으로 이혼했다.(이 말은 길게 하지 않았고, 필자도 묻지 않았다.)

그 아픔을 어떻게 극복하셨나요?

1978년, 이혼의 아픔을 안고 한국에 귀국했다. 아닌 말로 금의환향(錦衣還鄕)이 아닌 처절한 패배자로 한국에 들어와서 사람을 만난다는 것이 솔직히 내키는 일이 아니었다. 한국의 무역회사 로만스 주식회사에 취직을 했지만 보수가 별로 많지 않았다. 무역회사에서 1년 정도 일을 하고 있을 때 문득 "내 공부를 해야겠다."는 생각이 들었다. 유럽 근대사, 특히 독일 근대사를 공부했다. 공부를 하는 중에 이런 지식을 풀어 쓸 수 있는 <글로리아 여행사>를 차리게 되었다. 이듬해 1979년에 독일로 돌아왔다. 주로 역사를 테마로 관광객을 모집해서 역사를 설명하고, 유럽의 자연과 경제 환경 등을 설명했다.

여행사는 얼마 동안 운영하셨나요?

최근까지. 최근에는 아동문학을 테마로 한 여행 프로그램을 운영했다. 아이들을 데리고 다니는 여행 가이드는 또 다른 즐거움이 있는 일이다. 요즘은 과거의 아픔을 깨끗이 잊고 살아가려 애쓰는 중이다. 요즘은 여행사를 하면서 아무리 바빠도 가족 만나는 일을 우선에 두고 산다. 이것이 결국 나를 지켜 줄 행복이 될 테니까.

현재 곁에 있는 가족은 누가 있습니까? (사실 이런 질문은 과거 상처를 건드리는 것 같아서 조심스러웠다. 그러나 그는 호탕한 웃음과 함께 대답했다.)

큰아들은 환경청 지점장, 둘째는 세무서에서 각각 근무하고 있다. 가족의 아픔 가운데도 반듯하게 잘 자라서 제 역할을 하고 살아가는 자식들이 마냥 고마울 뿐이다. 과거는 현재의 거울이라고 하지만, 무엇보다 소중한 것은 현재의 삶이다.

나름대로 자신만의 생활 철학이 있다면 소개해주세요.

과거에 어떤 삶을 살았거나 누구나 현재 자신이 이 자리에 서 있는 것이다. 지금 이 시간이 행복해야 하고, 어느 누구와 어떤 만남을 가져도 기쁨을 줄 수 있어야 한다. 대단치 않지만, 뭐 이런 생각을 가지고 살아간다.

선생님의 소박한 삶의 철학이 소중합니다. 요즘 사회 및 교민 활동으로 어떤 일을 하시고 계십니까?

교민 복지사업으로, 나이 드신 분들을 돌보는 봉사를 하고 산다. 병원 찾아다니면서 위문공연으로 노래를 하는데, 한때 나도 성악 공부를 한 적이 있었다. 병문안 가면 한국에 널리 알려진 가곡을 부른다. 제목만 들어도 가슴이 설레는 노래로, <그리운 금강산> <떠나가는 배> <가고파> <고향생각> <향수> <목련화> <뱃노래> <산타루치아> <오 셀레미오> <꿈길에서> 이런 노래를 부르는 동안 나 자신도 행복하고, 듣는 어르신들도 즐거워하시니 이만하면 즐거운 삶이 아닌가 싶다.

마침 밖에서는 교민 테니스 대회 시작을 알리는 멘트가 들려오고 사람들이 부산하게 실내 코트로 자리를 옮기는 중이었다. 문득, 오늘 어떤 자리에서 교민들에게 고향 노래를 들려 줄 기회가 있을지도 모른다는 생각이 들었다.

"오늘 박영래 선생님께서 노래 부르실 기회도 있겠네요." 그가 쑥스러워져서 말을 받았다.

아마 여기 교민들 중에는 내 노래를 들은 사람들이 없을 걸?

만난 사람 (15)

광부 출신으로 독일 배구감독의 체육인이 되다
● 신종철 ● 편

= 교민 테니스 대회가 치러지는 날, 체육관에서 인터뷰 약속이 되었다. 건장한 몸에 눈빛이 맑은 중년 사내가 씩씩한 걸음으로 걸어 들어왔다. 나이가 78세인데 정정하게 보였다. 광부로 들어왔다가 여러 직업을 전전했고, 배구 선수 생활을 비롯하여 독일체육회에서 36년간 배구 지도자 활동을 한 특이한 이력의 소유자였다. =

태어난 곳과 성장한 곳이 어디인가요?

1939년 7월 16일 서울에서 태어났으나 할아버지가 살고 있는 천안으로 갔다. 아버지가 15년 동안 교직 생활을 하다가 함흥으로 들어갔으나 해방이 되어 다시 서울로 귀환하셔서 줄곧 서울에서 성장했다. 아버지의 영향으로 나는 청주사범대학(현 청주교대)을 졸업했다.

독일에 들어오시게 된 동기부터 들려주세요.

1972년도에 처가 독일 간호사로 들어왔다가 휴가를 나와서 내게 "독일 들어와서 돈을 벌어보자. 널찍하게 땅도 사고, 거기에 중고등학교 사립학교를 세워보자." 는 꿈을 함께 제시했다. 거기에 아내의 바람은 한 발 더 나가 구체적이었다. 곧, "독일에서 교육다운 교육을 시키는 사립학교를 세워보자." 는 것이었다. 나는 흔쾌히 동의하고 독일 행을 결심했다. 그 시작은 내가 독일로 들어오는 일이었다.

독일에는 언제 들어오셨나요?

1974년 5월 30일, 간호사 161명, 광부 42명, 총 203명의 인솔자로 독일 뒤셀도르프 공항에 도착했다.

어딜 가나 지도자 소질이 있으신가 봐요.

그렇군요. 바로 광부로 현장에 투입됐다. 그런데 막장에서 65Kg의 철근이 무너지면서 다행히 큰 사고는 피했지만 손에서 피가 났다. 샤워하다가 피를 다시 보자 갑자기 내가 이 낯선 땅에서 뭐 하는 짓인가 싶어 눈물이 솟구쳤다. 당시 내가 맡은 바 임무는 안전한 곳으로 물자를 날라다 주는 물자 공급 임무를 맡았다. 독일 말을 정확하게 알아들어야 물건이 정확하게 전달되기 때문이었다. 지하 1천 미터 아래에서 움직이는 칸 5-6개가 붙어 있는 전기 배터리 차를 운전했다.

언제까지 광부로 일을 하셨나요?

만 3년을 채운 1977년도 5월에 퇴직했다. 퇴직 전에 6주의 휴가가 있었으나 미련 없이 퇴직해버렸다. 자동차에 필요한 철강을 잘라서 납품하는 철강회사에 취직하여 1982년까지 5년 동안 일했다.

그다음에 하신 일은 무엇이었나요?

1985년부터 지체부자유자들을 보조해주는 일을 하다가 지체부자유 지도교사가 되었다. 교사 자격은 6명으로 구성된 면접관의 인터뷰로 결정하는데, 여기에서 패스하여 정규 교사 자격증을 받았다. 정식 교사가 되자 월급도 많아졌다.

지금까지 사모님 이야기가 별로 없었는데요.

물론 그때까지 아내도 간호사로 계속 일을 하고 있었다.

주특기인 배구는 언제 하신 겁니까?

다른 직업을 수행하는 중에 한 일이었다. 1982년부터 독일인을 상대로 배구선수를 지도해 왔고, 배구 지도자 자격증이 있어야 지속적으로 할 수 있을 것 같아서 1986년에 현대 배구 지도자 강습을 신청했다. 1년 과정인데, 이 비용 일체를 독일체육회에서 지원해줬다. 처음에는 학생을 지도하다가 나중에는 성인들을 지도했다. 70세가 될 때까지 선수 겸 트레이너 활동을 하다가 70세가 넘어서는 200여 명의 배구 지도자(체육회 관리자 6명 포함)를 관리 지도해오고 있다.

한국의 부모 및 형제에 대해서 말씀해 주세요.

어머니는 비교적 어린 나이인 9세 때 세상을 뜨셨고, 아버지는 1987년 68세에 돌아가셨다. 한국에 남아 있는 여동생 남동생이 장례를 치르고 나서 연락을 해왔다. 당시는 경기도 부천이 집이었는데, 옛날에는 그런대로 잘 사는 형편이었는데도 가난하여 대학 공부를 시키지 못했다. 내가 독일에서 사는 동안에는 아버지에게 생활비를 보내드렸다. 지금은 남동생도 세상 떠나고, 여동생이 몸이 좀 아프다는 말을 들었다.

최근 한국에는 언제 다녀가셨습니까?

2014년 10월 전국체전 때 선수를 데리고 참가할 때 한 일주일 정도 체류했다.

한국으로 돌아가고 싶은 생각은 없으신가요?

지금은 독일에서 사는 것이 좋다. 하지만 마음속에는 항상 조국이 살아 있다. 한때 한국 사회가 정치 사회적으로 불안정할 때는 마음이 그곳에 가 있기도 했다. 내가 떠나온 조국이 잘되기를 바라는 것은 인지상정인가 보다. 그래서 조국이란 죽을 때까지 가슴에 불꽃으로 존재하는 것 같다.

독일 생활에서 어려움이라면 어떤 것들이 있습니까?

교민들은 눈만 뜨면 만나게 되는 사람들인데, 자꾸 패를 가른다. 이도 분명히 우리가 함께 청산해야 할 적폐인데, 무엇으로 시작해야 할지 쉽지 않다.

독일에서 산 삶을 정리해 보신다면 어떤 말씀을 하실 수 있을까요?

과거 한국의 정치 사회사적으로 어둡던 환경이 한국을 넘어 우리 독일 교포 사회에까지 어두운 그림자를 드리웠던 날이 있었다. 우리 교민들은 그런 역경을 헤치고 저마다 열심히, 치열하게 살아왔다. 그들이 살아온 아팠던 날들이 고스란히 우리 교포사인 셈인데, 독일 교민사도 이제 정리되어야 한다고 본다. 모르긴 해도 지금 이 인터뷰가 비록 개인적인 삶의 기록으로 볼 수도 있겠지만, 어찌 보면 사회사적인 큰 의미를 지니게 될지도 모르겠다.

좋은 말씀이십니다. 제가 인터뷰 기록을 남기려는 이유도 거기에 있습니다.

우리 광부 간호사들이 한국의 가난을 극복하기 위해 희생된 산업전사까지는 아니라 할지라도 한국 현대사에서 의미가 없는 것이 아닐 것이다. 뿐만 아니라 한국의 남북 분단 이데올로기적 정치 사회사적 환경도 한때 우리 교민들의 가슴을 먹먹하게 지배해 오지 않았던가.

잠시 화제를 바꿔서, 독일 교포들이 문화가 이질적인 독일 땅에 뿌리내릴 수 있었던 원동력을 어디서 찾을 수 있을까요?

두 딸을 둔 부모의 눈으로 보면, 우리 한국인의 높은 교육열이 독일 사회에서 중추적인 역할을 하게 했다고 본다. 독일의 엄혹한 환경에서 한국인이 살아남을 유일한 방법이 교육이었고, 열기를 넘어 집념으로 나타난 결과이다. 한국인들의 교육열에 대해서는 독일인들도 인정하고 있다.

요즘 교민 사회에서 하시는 일은 무엇인가요?

독일 체육회 수석부회장으로, 독일 체육회에서 배구 지도를 하고 있다.

참, 앞에서 사립학교를 세워보겠다는 꿈은 어떻게 되었나요? 아직도 유효한가요?

앞에서 그 말을 했군. 바쁘게 살다 보니 그 꿈은 빛이 바래어지더군. 독일의 교육 문화 환경이 한국과는 너무 달랐고.

한국에 대한 그리움이 아직도 있나요?

휴가를 목적으로 한국에 들어가서 친지를 만나는 것은 그런대로 좋았으나 4주 정도가 지나자 다시 독일로 돌아오고 싶어졌다. 이로 보면 완전히 독일인이 된 것 같다. 여동생도 내 말을 듣더니 "오빠가 독일 사람 다 되었다."고 하더군. 그런데 요즘은 한국 가는 것이 은근히 겁나. 잘살게 된 한국 친지들이 "독일 거지들이 온다."

고 멸시할까 봐.

더러 그런 사람이 있을지 모르겠지만 여전히 한국은 가슴에 품고 살아도 좋을 만큼 따뜻한 나라입니다. 가족들은 지금 어떻게 되셨습니까?

큰딸은 고등학교 생물화학 교사가 되었고 사위는 법관, 둘째 딸은 시장 직속 경제 담담 비서실장이고 사위는 IT관계 무역회사 사장이다.

만난 사람 (16)

광부 출신 아카데미커로 사회운동에 앞장서다
● 이종현 ● 편

= 넓고 깔끔한 거실에 들어서자 기골이 장대한 분이 조용히 맞이했다. 넓은 거실 벽은 책장들이 들어차 있었다. 아담한 자태의 사모님이 다과를 내놓으시고 밖에 볼 일이 있다고 나가셨다. 이 선생님은 연세에 비해 얼굴이 붉은 대춧빛으로 기운이 넘쳐 보였다. =

태어난 곳과 성장한 곳이 어디인가요?

일본 오사카에서 1936년 9월 7일에 태어나 1949년 12월에 귀국하여 줄곧 서울에서 생활했다.

부모 형제에 대해 말씀해 주세요.

부모님은 현재 모두 돌아가셨고, 최근까지 형님이 사시다 돌아가셨고, 형수는 생존해 계신다. 지금 한국에는 두 남동생이 살고 있다.

독일에 오신 동기를 말씀해주세요.

1949년 일본에서 들어와 바로 6.25전쟁을 맞았다. 서울에서 살 때였는데, 부친과 형님 두 분이 의용군으로 입대했다. 큰형님은 서울에서 치안대 일을 했고, 9.18수복 때 피난 갔더라면 살았을 텐데 집으로 돌아왔다가 자위대에 붙잡혔다. 이와 동시에 아버지와 다른 가족도 잡혀갔다. 당시 내 나이 14살 때였는데, 말할 수 없는 곤욕을 치러야 했다. 나는 형님이 고문당하는 것을 두 눈으로 보고 오열했고, 이념 대립의 조국에 대한 무한 회의를 갖게 되었다. 당시는 영등포극장이 교도소였는데, 1.4후퇴 때 형님은 대전형무소로 이감되었다. 당시 중국 인민군이 급히 밀고 내려오는 바람에 형님은 대전형무소에서 죽음을 당했고, 작은형님은 의용군으로 포로가 되었다. 작은형님이 거제도 포로수용소에 갇혔다는 소식을 같은 동네에서 함께 포로가 되었던 사람을 통해서 듣게 되었다.

일찍이 분단의 아픔을 겪으셨군요.

우리 가족은 말 그대로 분단 비극의 주인공이 되었다. 큰형님은 대전형무소에서 사형을 당했고, 거제도 포로수용소에서 남과 북을 선택할 때 작은형님은 북으로 가기로 해서 분단 가족이 되었다. 아주 뒷날에, 북으로 간 형님은 1993년에 돌아가셨다는 소식을 전해 들었다.

전쟁이 끝나고 이 선생님의 거취는 어떻게 되셨나요?

나는 서울로 돌아와 초등학교를 다니게 되었지만 아버지는 거의 산송장이 되다시피 되어서 거동을 못하고 있었다. 학교를 다니려면 학비가 필요한데, 돈 한 푼 나올 데가 없었다. 학교를 다녀야겠는데, 고민하다가 영등포공업고등학교 밑에 있던 영도중학교에 입학했다. 당시 나는 나이가 좀 많은 편에 속한 17세였는데, 어떤 분의 소개로 운동부에서 운동을 하면 학비를 면제해주겠다고 해서 권투부에 들어갔다. 나이도 들고 몸이 좋아서 들어가자마자 주장을 했다. 덕분에 고등학교 졸업할 때까지 운동을 하면서 공부도 잘해서 특등으로 졸업하여 졸업식 때 만년필을 선물로 받았던 기억이 난다. 당시 우리는 빨갱이 집안으로 풍비박산이 난 마당이라 1955년까지 우리 가족에게는 시민증조차 없었다. 그러니 우리는 뭘 하든 악착같이 살 수밖에 없었다. 내가 학교를 졸업할 무렵이던 1957년 당시에는 진보당 조봉암의 선거대책위원회 위원장이던 김규현 교장 선생님을 도와서 처음으로 사회운동에 나서게 되었다.

조봉암 선생님이 1959년에 돌아가셨으니 선거 뒤에는 무엇을 하셨나요?

동국대학교 정치외교학과 1년 반을 다니다가 입대를 했다. 당시 9사단에 운동부가 있었는데, 권투부에 들어가 권투를 하다가 1961년 군사 쿠데타가 있었던 해에 제대를 했다.

제대 후에는 무슨 일을 하셨나요?

직장도 구하지 못한 채 가정교사로 돈벌이를 몇 년 하다가 1965년도에 광부로 독일에 왔다.

파독 광부로 들어오실 때 어떤 심경으로 들어오셨는지 들려주세요.

앞에서 말한 것처럼, 내가 빨갱이 가족으로 한국에서 할 수 있는 일이란 더 없으니 독일로 가야겠다는 결심을 했다. 막상 이 결심에 무거운 문제가 남았다. 어머니 입장에서 보면 남편과 자식이 다 떠나고 혼자 계실 때였다. 내가 장남 역할을 하고 있었는데, 독일에 들어간다고 하니 어머니로서는 기막혔을 것이다. 그러나 우리 어머니는 성정이 단단한 분이셨다. 당시 어머니가 독실한 천주교인이셨는데 "앞날이 구만리 같은 네가 집안을 일으키기 위해서는 어쩔 수 없는 선택이 아니겠느냐? 당분간 한국에 돌아오지 않겠다는 결심까지는 좋으나 천주교에 입교를 하고 들어가거라." 하셨다. 어머니 말씀을 따라서 토마스라는 세례명으로 천주교에 입교했다.

당시는 한국으로 돌아가실 생각이 없으셨나요?

조국이 나를 버린 것이나 다름없지 않은가. 통일이 되기 전에는 정말 돌아갈 생각이 없었다.(이 말끝에 이 선생은 벅차오르는 감정 때문에 잠시 말을 끊었다. 필자도 그의 감정이 가라앉기를 기다려 잠시 거실을 둘러보았다. 거실은 사방으로 책꽂이에 둘러싸여 있어서 전형적인 학자의 집이었다. 그가 오랫동안 권투부에서 운동을 했다거나 광부로 들어왔다는 말이 지금으로서는 잘 연결이 되지 않았다.)

독일에 들어오셔서 처음 하신 일에 대해 말씀해주세요.

보다시피 나는 광산에서 일을 하는데 몸이 괜찮은 편이었다. 그러나 게딩겐(일한 만큼의 돈을 주는 도급제)이 사람 잡는 제도였지만 돈을 더 많이 벌기 위해서는 어쩔 수 없이 많은 일을 해야 했다.

당시 광부 대부분이 다 그렇게 일하지 않았나요?

그랬던 것 같다. 돈을 벌기 위해 낯선 땅에 들어온 사람들이니 그럴 수밖에 없지 않았겠는가.

광부에서 유학생 신분으로 바뀌게 된 경위를 들려주세요.

그렇게 많은 일을 하는 중에도 나는 독일에 남아서 공부를 해야겠다는 야망 때문에 독일어 공부를 열심히 했다. 1967년에 서울고등학교 물리 교사였던 정규명 선생님이 프랑크푸르트 대학 이론물리과 박사학위 과정 중이었는데, 마침 서울고등학교 제자였던 사람이 나와 한 숙소에 있었다. 그가 내 꿈을 잘 알고 있었기 때문에 "한번 만나

보는 게 어떠냐?"고 제안을 해왔다. 프랑크푸르트 그의 숙소로 찾아가 하룻밤 묵으면서 독일에서 대학에 들어가려면 무엇을 어떻게 해야 하는지 조언 받고 돌아왔다. 그런데 얼마 뒤에 그분이 동베를린사건 (일명 동백림 사건. 1967년 7월 8일, 중앙정보부에서 발표한 공안사건)으로 돌연 잡혀가는 일이 벌어졌다. 그래도 내게 대학 가는 길을 알려줬으니 행운이었던 셈이다.

공부는 어디서 어떻게 시작하셨나요?

1968년 3월 5일 노동 계약이 끝나기 전에 쾰른 대학에 적을 두고 언어 학습을 받게 되었다. 이제 유학생으로 체류 허가 연장을 받아야 하는 일이 남았다. 독일 외국인 등록 관청에 학생증을 보이며 체류 허가를 신청했더니 담당 직원이 "먼저 주독 한국대사관에 가서 패스포트 연장부터 받아오시오. 그러나 혼자 가지 말고 잘 아는 독일 사람과 함께 가시오." 라고 조언해줬다. 이는 지난 동백림 사건에 연루되었던 나를 보호해 주기 위한 배려 때문이었다. 당시 대사관은 파독 광부에 대한 체류 허가에 결코 우호적이지 못했다. 당시 아내가 될 독일 여자 친구가 서점을 가지고 있어서 그의 도움으로 우여곡절 끝에 체류 허가를 받게 되었다.

그 "여자 친구"에 대해 말씀해주세요.

1967년 무렵, 그녀가 두이스부르그 성당 앞에서 서점을 운영하고 있을 때였다. 내가 가끔 서점을 찾게 되어 서로 자연스럽게 눈이 마주쳤고, 서로 편지를 주고받는 사이가 되었다. 나는 독일어로 편지를 썼고, 아내는 내 독일어 편지를 한글로 기록했다. 그녀는 동양의 낯선 나라 한국에 관심이 많아서 한국과 관련된 많은 책을 구해 읽었다.

사랑하는 사람의 조국과 그 문화에 관심을 가지는 것은 당연한 것 아닐까요?

그렇겠지.

결혼을 하신 계기가 있었을 것 같은데요.

서로 진실한 사랑을 고백하게 된 것은 모차르트의 《마술피리, Die Zauberflöte》 오페라를 보고 나서였다. 그녀가 오페라 표를 구입하여 함께 관람했는데, 같이 감동했고, 나는 서구의 문화를 배워야 한다고 자각하게 되는 계기가 되었다. 그녀도 한국 문화에 호기심을 갖게 되어 내가 쾰른 대학 언어학습 과정에 들어가기 전에 그녀에게 한글을 가르치기도 했다. 1968년 결혼하기 전에 우리는 한국과 독일 절반의 사람이라는 것을 전제로, 서로 반씩만 이해하면서 살기로 합의하고 결혼했다. 살다 보면 문화 차이에서 오는 의견 충돌이 있을 수 있으니 반씩만 이해하면서 살자고 약속했으니 갈등이 덜했던 셈이다.

성공적인 독한 가정을 이룰 수 있는 합리적인 합의 같군요.

우리뿐만 아니라 독한 가정은 다 그렇게 가정을 이뤘을 겁니다. 어찌 온전한 이해가 가능하겠는가.

본격적인 유학생의 길에 들어서셨는데, 대학에서는 무슨 공부를 하셨나요?

1973년 8월에 두이스부르그 공과대학 기계공학과를 졸업했다.

돌아가지 않겠다던 한국에는 언제 들어가셨습니까?

1973년 8월 졸업과 동시에 직장을 구해놓고 첫 직장에 출근하기 전에 한국에 들어갔다. 당시는 고 김대중 전 대통령이 '한민통(재일한국민주통일연합, 在日韓國民主統一聯合)'을 만들고, 김대중 납치사건이 벌어졌을 때였다. 나는 여전히 한국이 무서운 나라라는 것을 절감했다. 마침 남산에 있는 워커힐 앞에서 한 사건을 접하게 되었는데, 내가 머리가 좀 길다고 헌병이 나를 불러 세워 신분증을 요구했다. 이때 아내가 "여보." 하고 부르며 다가오니 화들짝 놀라 그냥 돌려보내 줘서 위기를 모면했다.

이 선생님을 소개 받을 때 재독 사회운동을 많이 하신 분으로 소개를 받았는데, 그 활동에 대해 말씀해주세요.

잘 알겠지만, 1970년대의 한국은 심각한 독재철권 시기였지. 해외에 있던 우리 독일 교포 사회에서도 뭔가 하지 않으면 안 되는 때였고. 1974년 3월 1일 민건회(재독민주사회건설협의회)가 조직되고, 7.4 남북공동성명을 지지하는 통일운동이 일어나기 시작했다.

'민건회'에 대해서 좀 더 자세하게 말씀해주세요.

1967년에 일어난 '동베를린사건' 이후에 독일의 한국 민주화운동은 잠시 위축되어 있었다. 그 뒤에 독일에 온 한국 유학생, 목사, 광부, 간호사 등은 이전의 민주운동을 계승하기 위해 '재독민주사회건설협의회'를 결성했다. 서독의 수도 본(Bohn)의 뮌스터 광장에서 3•1절 기념식을 열고, "박정희 군부 독재와 유신체제의 타도!"를 외치면서 가두시위를 벌였다. 민건회 설립은 국내 상황과 국외 상황에 따른 것이었다. 곧 한국 내 상황으로는 3선 개헌으로 인한 유신 독재체제의 장기화, 전태일 분신으로 나타난 노동자 탄압의 정치적 상황을 들 수 있다. 당시 국외 상황으로는 독일 사회에서 68학생운동의 열기로 인해 진보적이고 자유로운 분위기에서 형성된 정치에 대한 비판과 조직적인 정치 투쟁 성숙의 영향을 받았다고 볼 수 있다. 민건회는 한국 동지회까지 결성하는 등 활발한 활동을 벌여왔다.

'노련'에 대해서도 말씀해주세요.

1975년에 '재독한인노동자연맹(노련)'을 결성했다. 의식을 가진 노동자로, 권익을 찾고 살자는 취지의 모임이었다. 곧 "파독 광부 간호사의 권익을 보호해주자."는 주된 취지로 결성되었다. 당시 발슘 광산에서 한국에서 파견된 노동자 몇 사람이 기업주의 부당한 처사에 한국인 노동자들이 들고 일어났고, 재독 한국 공관은 노동자 편에서 기업주에게 항의하기는커녕 오히려 첩자들을 보내 감시를 강화했다. 이를 막기 위해 한때 '노련'과 '민건회'에서 공동으로 나서기도 했다.

다른 사회 활동도 들려주세요.

1970년대 당시에는 안기부의 감시 활동이 유난히 심했다. 당시 「타는 목마름으로」 유명한 저항시인 김지하가 담시(譚詩) <오적(五賊)>을 발표하여 반공법 위반으로 구속 기소된 필화사건이 일어난 시기였다. 구속 철회를 요구하는 성명서를 발표하고, 민청학련사건 철회를 요구하는 성명서를 내기도 했다. 이 밖에 한국에서 벌어지는 반민주적인 사건들마다 성명을 발표하고, 투쟁 단체들을 후원하기도 했다.

앞에서 말씀하신대로, 당시는 공권력의 촉수가 독일 교포 사회에 촘촘하게 죄어들어 활동이 쉽지 않았을 텐데요.

물론 그랬지. 그렇지만 당시 나는 독일 국적을 가지고 있어서 내 이름으로 집회를 신고하여 합법적인 투쟁 활동을 하기 좋았다.

사회 활동이 독일을 벗어나 전 유럽으로 확산된 것은 언제부터였지요?

1977년도에는 '민주민족통일한국인연합(한민련)' 활동 본부가 결성되고 김 아무개가 유럽 본부 사무국장으로 활동을 시작하면서 일본에 있는 한민통과 연합하여 활동했다. '민건회'와 '노련'도 동시에 활동을 계속했다.

이 선생님의 활동 중 기억에 남는 사건에 대해서 들려주세요.

1979년 '10.26사태' 때 본 대사관에 분향소를 차렸을 때 대사관으로 쳐들어가 분향소를 박살낸 사건이다. 이 사건은 뭐랄까, 늘 감시 대상으로 일방적으로 당해오다가 기습적으로 벌인 사건이었다. 당시 우리는 이 사건을 치르면서 정말 한국에 진정한 민주주의가 꽃피워지리라 믿었다. 그런데, 신군부가 등장하여 다시 민주주의가 후퇴하게 될 줄 누가 알았겠나? 멀리서 조국의 비틀린 현실을 바라보는 우리도 안타깝기만 했지.

1980년대 신군부에 저항했던 사건도 좀 들려주세요.

1980년 5.18광주민중항쟁을 기리는 5월 민중제를 한민련 사무국장으로 있을 때부터 지금까지 한 해도 거르지 않고 계속 기념해 오고 있다.

좀 더 상세하게 들려주세요.

1985년부터 한민련 유럽 본부(의장 윤이상, 정성배 박사 프랑스 거주, 정규명 박사 프랑크푸르트 거주) 사무국장으로 있을 때 캐나다 일본 미국 유럽(스위스 덴마크 프랑스 스페인 독일 프랑스 이탈리아) 회원들이 우리 집에서 회동할 때가 많았다. 그때 각국에 흩어져 있던 지성인들과 소통하면서 조국의 민주화운동과 통일운동을 펼쳐 나가게 되었다.

1990년대 사회 활동에 대해 요약해주세요.

1988년도 민족민주운동협의회(민협)로 여러 조직을 하나로 묶었다. 1990년 6월 범민련으로 통합하기 위해 1차 3자 협의회를 구성, 일본 3명, 미국에서 3명, 이창복 선생이 남측위원회 위원장을 맡았다. 결국, 1990범민족대회를 평양에서 개최했다.

앞에서 전 김대중 대통령의 1970년대 수난을 지켜보셨는데, 고 전 김대중 대통령과는 어떤 인연이 있었나요?

솔직히 그 부분에 대해서는 서운한 감정이 많다. 1998년 대통령이 되기 직전에 자신의 명의로 "(내가) 핍박을 받을 때 석방을 위해 노력해줘서 감사하다. 유럽에 갔을 때 만나기를 희망한다. 여러 동지들에게 두루 안부 전해 달라." 하는 내용의 편지를 보내왔다. 김대중 대통령이 2000년 노벨상평화상 후보였을 때 한민련에서 그의 수상을 지지하는 83명의 독일 국회의원 연 서명을 제출하기도 했다. 그런데 정작 자신이 대통령도 되고 노벨상을 받고 독일에 들어 왔으나 초청은 물론 어떤 사례의 말 한마디 없었다. 이에 대한 서운한 감정은 비록 나만이 아니었을 것이다.

그로부터 세월이 많이 흘렀습니다. 세상도 변했습니다. 요즘은 어떤 사회 활동을 하시는지요?

한국 사회나 독일 교포 사회나 세상 변화에 따라 사회운동이 많이 퇴색된 것도 사실이다. 그렇지만 과거 없는 현재가 없듯이, 그런 투쟁적인 전통으로 오늘이 있다고 본다. 2000년에 들어서 한민족유럽연대가 비레펠드에서 발기인 55명이 모여 총회를 열어 결성했다. 위안부 문제를 세계에 바로 알리고자 위안부 할머니를 모셔다 강연도 했고, 세월호 천안함 문제도 이슈화 하여 독일 등 유럽 사회에 알렸다. 예전에는 활동가들이 40여 명이 되었으나 많은 세월이 흐른 지금은 많이 줄어서 안타깝다. 그렇더라도 아직 독일 사회에 진보는 살아 있다.

선생님의 투쟁 이력에 대한 말씀은 끝이 없는데, 마지막으로 하실 말씀 짧게 정리해주세요.

나는 아직 이렇게 건강하게 살아 있다. 건강이 허락하는 한 나는 옳은 일이라고 판단되는 일이라면 나서고 있다. 최근에 내가 5.18기념재단으로부터 초청받아 출국에 나섰다가 정부의 입국 거절로 발길을 돌려야 했다. 나 같은 인사가 지금 독일 사회에 몇 사람 더 있는 것으로 안다. 대체 지금이 어떤 시대인데 아지도 그런 짓을 하고 있는가.

이종현 선생의 분으로 붉어진 낯에 오히려 질문하는 사람의 낯이 더 붉어졌다.

이 책이 나올 무렵인 2018년 3월에 이종현 선생으로부터 5.18기념 행사 주최 측으로부터 금년 행사에 초청을 받았다는 연락이 왔다.

만난 사람 (17)

간호사에서 성악가로 화려한 변신
● 최미순 ● 편

이제 한국 고전무용과 음악에 심취해 있다. 사진은 남산 국악당 공연 장면과 한국의 가족들

= 최미순은 간호사로 독일에 들어왔다가 성악가가 된 입지전적인 인물이다. 피아노를 가르치던 독일인 교수와 결혼하여 두 아들을 두었고, 모두 음악인으로 성장하여 음악 가문을 일궈냈다. =

먼저 고향부터 소개해주세요.

1950년 3월 24일, 전주 화산동에서 4남 2녀 중 막내로 태어났다.

어렸을 적 어떤 특별한 기억이라도 있나요?

부모가 신문사를 하신 것 같다. 아버지는 밖에서 활동을 많이 했다. 직업과 무관하게 부모가 음악을 좋아하셨다. 그래서 아버지는 홍난파의 이름을 따서 '최난파'라는 별명을 지녔고, 어머니 역시 고운 목소리로 노래를 잘했다.

독일에 대해 관심을 가지게 된 동기가 있었나요?

국주초등학교, 성심여중을 거쳐 성심여고를 다녔다. 성심여고를 다닐 때 걸스카우트 활동을 했는데, 당시 전주여고 교감 선생님이 걸스카우트 전라북도 총책임자였다. 천주교 중앙성당에서 걸스카우트를 조직했다. 성심여고 학생 때 대표로 선행학생 상장을 받았다.

고등학교를 졸업하던 해인 1969년 겨울에 서울로 올라왔다. 어느 지인이 "독일 들어가는 방법으로 일단 간호사로 독일에 들어갔다가 성악 공부를 하면 어떻겠느냐?"는 조언을 해주셨다. 그의 조언대로 1970년 간호사로 해외개발공사에서 모집하는 간호보조원학교에 들어가 간호보조사가 되어 독일로 들어가기로 마음먹었다.

그렇다면, 집안에서도 도와줬다는 뜻인가요?

집안 형제들도 흔쾌하게 "막내가 독일 들어가는 것도 좋겠다."는 의견 일치를 보고 성원해줬다.

비교적 순탄했군요. 말씀을 이어주세요.

나는 1971년 여름에 간호보조원 국가고시에 응시하여 합격했다. 독일 들어가기 전에 몇 달 시간 여유가 있어서 친구 8명이 설악산으로 작별 여행을 갔던 기억이 난다.

독일 첫발을 들여놓은 말씀을 해주시지요.

1971년 12월초에 독일 프랑크푸르트 공항에 도착했다. 병원에서 보낸 차를 타고 일을 하게 될 병원으로 이동했다. 3명이 같이 떨어지고 옆 동네 병원으로 3명이 이동을 했다. 병원은 '뤼덴샤이드'라는 곳이었다. 두 달 정도 일하고 있을 때 내가 프랑크푸르트 공항으로 후배 간호사 마중을 나갔다. 6명을 병원으로 데려와 2개월 동안 병원의 미니버스로 12명이 오가며 어학연수를 받게 되었다. 괴테 인스티튜트에서 어학연수 기간에는 주말에만 병원 근무를 하도록 배려했다. 나중에 들어보니 다른 간호사들에 비해 참 복이 많았던 것 같다.

병원 생활에 대한 적응이 비교적 순탄하셨군요?

그렇지 않다. 이듬해인 1972년 5월에 병원 생활을 하는 중에 나는 대수술을 받게 되었다. 검진 결과 난소에서 두 개의 혹이 발견된 것이다. 1966년도에 어머니가 꼭 이런 증세로 수술을 하고 오랫동안 병원에 입원했던 기억이 났다. 병원에 있는 동안 내내 고향에 대한 그리움과 외로움으로 고통스러운 나날을 보내게 되었다. 그렇지만 이런 어려움이 나를 더욱 강하게 단련시킨 것 같았다. 내가 왜 낯선 독일에 오게 되었는지 마음을 다잡고 공부하는 길을 찾기로 작정했다.

그러면 심각한 병이 아닌 것은 알고 계셨던 셈이네요.
그렇지. 당시 한국의 병원에서도 치료가 가능했는데, 의료 선진국인 독일이야 무난하게 치료할 수 있다고 믿었다.

성악 공부에 대해서 말해주세요.
그해 가을부터 쾰른에 찾아가 대학을 둘러보고, 그리고 대학병원도 함께 알아보았다. 그리고 1973년 3월 27일, 마침내 음악대학 성악 시험에 합격해서 병원에서도 내가 노래를 잘한다는 사실이 알려지게 되었다. 하루는 라인 강으로 뱃놀이를 갔는데 내가 뱃머리에서 라인 강으로 울려 퍼지는 청아한 노래를 불렀다. 이 소문이 온 병원에 퍼진 것이다.

성악에 소질이 있다는 인증을 받은 셈이군요.
청중 앞에서 노래를 부르고 싶은 욕망, 나는 이를 '끼' 라고 본다.

대개 병원은 3년 계약인 것으로 알고 있는데요.
그렇지. 일하던 병원에서 병동 담당 변호사가 있었는데, 상담해보니 "음대에 가려면 먼저 해약을 요구해라. 쾰른 음대에 갈 수 있는 방법은 그 길밖에 없다." 는 방법을 조언해줬다. 그러나 병원에 "하이델베르그에 사촌오빠가 있으니 그곳으로 나를 보내 달라."고 요구했으나 돌아온 대답은 "보내줄 수 없다."였다. 병원 변호사가 소개한 본 한국대사관 건너편에 사무실을 가진 변호사를 소개하여 그곳에서 대사관에 전화를 걸었다. 독일 말을 할 줄 아는 한국 사람을 바꿔 달라고 요청하자 영사과 영사가 전화를 받았다. 독일인 변호사가 "한국에서 온 간호사가 음대에 다녀야 하는데 도와줄 방법이 없겠느냐?"고 물었다. 그러자 저쪽에서 "간호사가 어떻게 음대에 합격할 수 있느냐?"고 먼저 믿을 수 없다는 듯 놀라움을 표했다. 이에 담당 변호사가 "간호사만 하기는 그만큼 아까운 성악 인재다." 하고 대답을 해줬다.

그럼 일이 해결되었나요?

며칠 더 지났을 때였다. 담당 병원장이 나더러 "짐을 싸 가지고 내려오라."고 하여 1년 반 만에 그 병원을 해약하고 대학에 갈 수 있게 되었다.

소원을 성취하신 셈이네요.

꿈에도 그리던 쾰른에 들어오긴 했지만 현실은 막막했다. 먼저, 돈을 벌어야 했다. 그런데 대학병원 간호사로 들어간다고 해도 학교와의 거리가 너무 멀리 떨어져 있었다. 그런데 학교 옆에 마리아 호스피탈이 있었다. 그 병원의 병원장 수녀에게 전화를 걸어서 "한국에서 온 간호사인데 밤 근무를 해서 돈을 벌고 싶다."는 의사를 전했다. 그러자 저쪽에서 대답을 미뤘다. 그래서 그 전에 입원해 있을 때 병문안을 왔던 수도자에게 부탁하자 "주교관에서 한 달에 한 번씩

회의가 있는데, 그 의견을 내어 보겠다."고 했다. 운 좋게 수도자의 도움을 받아 다음 달부터 그 병원에서 일하게 되었다. 이렇게 되자, 5일 밤 근무를 하고 2일을 쉬는 조건으로 그 병원 간호사로 일하게 되었다.

여기까지만 해도 의지의 한국인이라 할 만하군요.

살다 보면 잘못된 선택이라는 것도 있더라. 1974년 독일 유류파동 때 단독주택을 얻어서 나왔는데 너무 멀리 떨어진 곳으로 이사한 거다. 오페라하우스에서 밤늦게까지 연습하다가 혼자 들어가는 것이 너무 무서웠다. 좀 우습게 들릴지 모르겠지만 낙엽 지는 소리도 무서웠다. 반년 정도 생활하다가 1975년도에 쾰른 가톨릭 여자기숙사로 들어와서야 비로소 마음 놓고 공부를 할 수 있었다.

꿈에 그리던 음악대학에 입학을 하셨는데요. 어려운 일이 있다면 또 어떤 것이 있었나요?

많았지. 먼저, 장학금이 떨어졌을 때 학교 다닐 길이 막막했으나 본 대사관에서 일자리를 알선해주는 도움을 줘서 3개월 일했다. 당시 이를 두고 나를 모함하고 헐뜯는 사람도 많았다. 그러고 보니 그런 '헐뜯기'는 예전 이야기뿐 아닌 것 같다. 요즘도 사물놀이 여러 행사를 두고 시샘하여 '헐뜯기'의 말들이 많으니까. 그렇다고 그들을 껴안고 함께 가야지 그들을 적대시하여 내칠 수는 없지 않은가? 사람 사는 세상이니 여러 갈등과 아픔이 있는 것 같다.

음악대학에서 공부한 일을 계속 들려주세요.

크로아티아 대사를 지냈던 아무개와 당시 같은 기숙사 생활을 하고 있었다. 대학을 다니는 중에 그에게 피아노 레슨 교수를 소개해달라고 부탁을 했다. "어느 한 한국 학생이 피아노를 배우고 싶어 하는데 지도해 줄 수 있겠느냐?"고 물었더니 "한번 만나 보자."고 해서 루드빗 교수를 찾아가게 되었다. 이 학생이 통역을 해주면서 이 교수와 친해져서 1977년 3월에 결혼해서 아들 둘을 두게 되었다.

많은 과정을 한꺼번에 뛰어넘었네요, 결혼은 어떻게 하게 되었나요? 로맨틱한 과정이 있을 것 같은데요.

영국의 어떤 멜로물의 영화를 함께 관람하고 나서 커피를 마시러 갔을 때였다. 루드빗 교수가 잠시 머뭇거린 끝에 내게 "나의 신부가 되어 달라."는 말을 꺼냈다. 순간 나는 눈앞에 새로운 우주가 열리는 환희의 감정이 되었다. 나도 루드빗 교수를 존경을 넘어 사랑하고 있었던 것이다.

성악인 활동을 좀 들려주세요.

10년 동안 유람선 타고 성악인으로 초대 받아 활동했다. 이로 인해 세계일주로 남극을 다녀오는 등 많은 활동을 했다.

가족사진을 보니까 음악 가족으로 보이던데, 가족 소개 좀 해주세요.

두 아들도 음악인 남편과 독창회를 자주했다. 지금 큰아들 크리스

티안은 바이올린과 지휘를 전공하여 광주시립교향악단 상임지휘자로 있고, 둘째 요한은 첼로를 전공한 음악 가족이다. 두 아이와 남편과 독창회도 자주 가졌다.

자신의 음악 재능이 어떻게 형성되었다고 생각하세요?
아버지는 좀 일찍 돌아가셨는데, 내가 10살 때 노래하면서 모래 장난을 했고, 아버지는 만돌린 바이올린을 켜시면서 시를 읊으시던 기억이 난다. 어머니도 예쁜 목소리로 노래를 부르던 기억이 지금도 생생하다. 다만 우리 부모는 체계적인 음악 공부를 하지 못한 듯하다. 이에 비해 나를 포함한 우리는 체계적인 음악 공부를 했다는 점이 다른 것 같다. 그러나 타고난 음악인의 재능은 분명히 있다고 본다. 나는 어릴 때부터 노래를 부르고 다니기를 좋아했다. 노래를 부를 때가 행복하다.

요즘도 성악 활동을 하시나요?
예순 넘어서면서부터 성악하기 어려웠다. 나이를 먹어도 할 수 있는 일이 사물놀이 같아서 늦게나마 이를 배우게 되었다. 2010년 윤행자 회장과 가깝게 지내면서부터 고전무용 '극단 아리랑' 무용단원으로 활동했다.

교민 활동으로는 어떤 일을 하셨나요?
재독간호사협회 임원으로 한동안 일을 했고, 중부 한독간호사협회 임원을 지내다가 2017년 회장이 되었다. 호남향우회 감사도 맡고 있다.

한국의 가족들과는 연락이 되나요?

나와 큰오빠는 15살 차이인데 지금 82세로 비교적 건강하신 편이다. 13살이 더 많았던 언니는 전매청을 다니다 안타깝게도 36세쯤에 세상을 떴다. 둘째 셋째 넷째 오빠도 전매청을 다녔는데 지금 다 건강하게 계신다.

삶에서 아쉬운 점이 있다면 어떤 것일까요?

결혼을 하고 나서 독일 시어머니를 2년 반 정도 모셨는데 애석하게 돌아가셨다. 지나고 보니 더 따뜻하게 모시지 못한 것이 내내 후회가 된다. 또, 남편은 나보다 나이가 20살 정도 많다 보니 나이가 들어 요즘 몸이 좀 불편하다. 더 오래 건강하시면 좋으련만 그건 바람대로 되는 일이 아닌 것 같다. 지금은 남편을 보살피며 여러 봉사활동을 하면서 살아가고 있다.

만난 사람 (18)

의사의 아내가 되어 의사의 가문을 일구어낸 삶
● 황순자, 黃順子, SoonJa Tha ● 편

의사의 아내가 되어 남매를 의사로 키웠다. 발레를 했던 그녀는 이제 고전무용에 심취해 있었다.

= 황순자. 인터뷰는 에센 향우회 모임에서 한 차례 있었고, 다음날 듀이스부르그 자택에서 다시 만나 인터뷰를 보완했다. 잘 정돈된 정원을 가진 저택이었는데, 개인 병원을 겸하고 있었다. 남편은 독일은 물론 세계적으로 저명한 신경외과 의사로, 머리 척추 수술의 권위자이다. 그리고 남매도 의사가 되어 의사 가문을 일궜다. =

한국 어디서 오셨나요? 먼저 자기소개부터 해주세요.

1949년 10월 10일, 여수시 교동 270번지에서 태어났다. 아버지는 사업을 하셨고, 어머니는 평범한 가정주부로 3녀 1남을 두셨다.

독일에 어떤 계기로 들어오셨나요?

당시 한국에서 외국으로 나온다는 것은 어떤 로망과 같은 것이었다. 나도 그중의 한 사람으로, 독일이라는 나라에 대해서 거의 모르고 왔다.

그 과정을 좀 더 자세하게 들려주세요.

외국에 대한 막연한 동경, 어떤 계기로 간호보조원으로 독일에 들어가는 길이 있다는 사실을 알았다. 해외개발공사에서 운영하는 순천 간호학교, 성남대학을 다녔다. 간호보조원학교를 다녀서 간호사 자격을 얻었다. 1971년도에 간호사로 독일에 들어왔다.

당시 함께 오신 분들은 몇 분 정도 되었나요?

200명이 나왔으나 지금은 한국으로 들어갔거나 독일이 아닌 외국으로 나가기도 했다.

처음 근무하신 곳은 어디인가요?

지겐그라이스 병원에서 3년 예약하고 근무를 시작했다.

처음에 오셨을 때 언어 소통 문제가 컸을 텐데 어떻게 극복하셨습니까?

여기에 오신 분들이 갖는 공통점인데, 곧 한국으로 돌아갈 생각을 가진 사람은 필요한 언어만 공부하려는 소극적인 자세이고, 그렇지 않은 사람은 더 치열하고 적극적이다. 나는 아무래도 후자에 속한 것 같다. 독일로 들어오기 전에 한국에서도 독일어 공부를 하다가 들어왔고, 병원에서도 틈만 나면 독일어 공부를 했다. 콘사이스사전을 들고 다니면서 공부하고 익혔다는 말은 많이 들으셨을 테고, 이런 아픈 과정을 기본적으로 거치게 되었다.

지금 듣기로는 큰 어려움 없이 병원 생활에 적응하셨다는 뜻인데요.

그건 아니다. 언어가 어느 정도 해결되자 병원 측의 배려로 뒤셀도르프에서 2년 간 속성 교육 과정으로 마취 과정을 거쳤다. 나는 주사를 잘 놓는 특기를 가졌지만 피를 뽑고 주사 놓는 허드렛일은 솔직히 하기 싫었다. 마취 과정을 거친 덕분에 사보험 환자를 돌보기도 했고, 1등실에서만 근무를 했다. 지금도 추측이지만 어쩌면 의사와 연인 관계인 줄 알아서 그런 배려가 있었는지도 모르겠다. 2년 정도 했을 무렵에 같은 병원 의사를 사귀어 결혼을 하게 되었다.

연애와 결혼 과정이 로맨틱했을 것 같아요. 그 이야기 좀 들려주세요.

같은 병원에 근무하는 의사가 항상 꽃을 보내줬다. 좀 특이한 전달 방법으로 "병원 입구 수위실에 꽃을 맡겨놓았으니 꽃을 찾아가라."는 말을 했다. 꽃과 함께 편지가 들어 있었다. 나도 실은 첫 장미를 선물 받았을 때 가슴이 무척 설렜다. 처음 받은 장미꽃 꽃잎을 지금도 책갈피에 간직하고 있다. 우리는 비밀스럽게 편지와 전화로 사랑을 키워 나갔다. 언젠가 내가 편지에 "그대가 준 장미꽃이 다 마르면 한국으로 돌아가게 될 지도 모른다."는 말을 썼는데, 그이가 답장에 "한국에 가지 마라. 나는 그 꽃이 영원히 마르지 않도록 계속 새로운 꽃으로 바꿔 줄 것이다." 라고 썼다. 지금도 그이는 그 약속을 지키듯 가끔 장미꽃을 가져다준다.

한 평생을 변함없는 사랑의 반려자를 만나는 것도 복인데요.
내 생각도 그렇다. 그이는 다행히도 내가 좋아하는 것을 다 좋아하는 편이다. 내가 한때 한국무용에 빠지게 되었을 때 그이도 한국무용을 배웠다. 잘하지는 못하지만, 그래도 진지하게 열심히 배웠다.

여기 사시는 동안 한국 가족의 소식이나 아픔 같은 것은 없나요?
내가 독일에 와 있는 동안 여동생의 몸이 아팠다. 지금도 병명과 사망 원인은 잘 모르지만 귀에서 고름이 나오는 병이었다. 수술을 했지만 낫지 못하고 일찍이 세상을 떴다. 금전적인 것 말고는 아무런 도움도 주지 못해서 그 생각만 하면 미안한 마음이 들고 슬퍼진다.

자식 교육에 대한 철학이랄까. 뭐 이런 것이 있으면 들려주세요.
평소에 두 아이에게 "사람은 큰물에서 놀아야 한다."는 말을 늘

주지시켰다. 아비투어에서 1점 1등을 받아야 뮌헨 의과대학에 갈 수 있는데, 이 코스를 무난하게 패스했다.

아들은 그렇게 의사가 되었고, 딸 교육에 대해 더 들려주고 싶은 말씀이 있을 것 같은데요.

딸은 발레리나를 만들고 싶었다. 그래서 세 살 때부터 발레를 시켰다. 5학년 때 말레트 길 유트트가르트 함부르크 기숙사에서 생활을 했다. 금요일에 데려왔다가 일요일에 다시 데려다줬다. 이런 일을 3년간 하면서 나는 눈이 나빠졌다. 나중에는 기차로 다니다가 최종 졸업하고서는 의대를 갔다.

발레리나의 의대, 좀 특이한 이력으로 들리는데요.

무용하면서도 1점을 받아 월반했다. 다른 문제로, 발레리나가 되려면 아이스크림을 먹고 싶어도 절대 먹어서는 안 된다. 이런 피나는 발레 과정을 거치면서 어느 정도 수준까지 오르게 되었다.

발레는 시간이 많이 요구되는 예능이고, 의대 또한 오랜 공부가 필요한데 어떻게 의대생이 되었지요?

그렇잖아도 이 과정에서 고민이 많았다. 과연 발레리나로 성장하도록 둘 것인가, 아니면 여전히 좋은 성적을 살려서 누구나 지향하는 의대를 갈 것인가? 이는 발레도 소질이 있고, 공부도 잘하니 생기는 갈등이었다. 그러나 어느 시기에는 하나를 선택해야 했다. 그렇지만 선택은 부모가 아닌 본인의 몫이라고 생각해서 딸아이의 결정에 맡겼다. 결국 딸아이는 의대를 선택했다. 나중에 알았지만 발레를 지도하는 연극 교사조차도 의대 가기를 조언했다고 한다.

이런 가정 분위기를 형성하는 데는 엄마의 영향이 컸을 것 같은데요.

글쎄요, 나는 엄마가 1살 때 세상 뜨셔서 좀은 우울한 환경에서 성장했다. 그렇지만 아버지는 여객선도 있고 신흥제과를 운영하신 덕에 돈을 많이 벌어서 산을 세 개나 샀다. 그래서 성장 과정에서 나는 많은 것을 배울 수 있었는데, 당시에 발레를 배웠다. 아마 배우다 만 발레를 딸을 통해서 소원 풀이를 하려고 했던 것 같기도 하다.

말 나온 김에, 한국에서의 가정에 대해 좀 하시고 싶은 말씀이 있나요?

친정아버지는 첫 부인에게서 4명의 자녀를 뒀고, 엄마가 세상 뜨시고 다시 얻은 작은 부인에게서 6명의 자녀를 뒀다. 그런데 엄마가 없는 4형제는 어느 시기부터 가난하게 살아야 했다. 형제들이 살기 어려워서 돈을 보내야 할 형편에 놓여 조카들에게 돈을 보내기도 했다. 새어머니는 내가 독일 와서 얼마 안 되어 세상 뜨셨는데, 그래도 "순자 걱정 없이 안심하고 세상 뜬다." 는 말을 남기셨다고 하더군.

부모가 교육열을 가졌다고 다 성공하지는 않습니다. 교육에 특별한 비결 같은 것이라도 있었나요?

특별한 비결이라기보다, 우리 애들은 책 읽기를 좋아했다. 책 읽기대회에서 함부르크 도시 전체에서 1등을 했다. 테마를 엄마가 정해줘서 연습한 덕분이기도 했다. 이 아이가 독일 괴테 연구소에서 주최하는 전국대회 가서도 2등을 했다.

그러면 엄마의 삶은 없었나요?

그건 아니다. 난 철저하게 나의 삶을 찾았다. 나는 언어가 되면서 마춰 면허에 이어서 내가 정말 하고 싶은 일을 찾았는데, 앞에서도 말했지만 한국에서 발레 개인지도를 받은 적이 있다. 도르트문트에 있는 발레 학교에서 10년 정도 공부했다. 오직 발레 공부만 한 것이 아니라 다른 독일 어린이들에게 발레를 지도했다. 공부하는 시간까지 합치면 15년 정도 발레 지도를 했다.

결혼은 어떤 계기로 하게 되었나요?

남편은 내가 3년이 되면 한국으로 돌아가야 한다는 사실을 알고 있었기 때문에 먼저 결혼을 제안해서 서둘게 되었다. 결혼 당시 남편은 학생 신분이었다. 남편이 나를 시어머니 될 분에게 소개를 했는데 마침 나를 무척 좋아했다. 당시 시아버지는 이미 돌아가셨을 때였다. 뮌스터에서 대학을 다니다가 결혼한 뒤 뒤셀도르프로 왔다. 뒤셀도르프의 의대 기숙사에서 신혼살림을 차렸다. 우리는 아들 하나 딸 하나를 뒀고, 남편은 의대를 졸업하고 그 병원 의사가 되었다.

독일 시어머니와 며느리 사이는 어땠나요?

시어머니가 아들을 지극히 사랑하여 나도 덩달아 사랑을 받았다.

마치 친엄마처럼 사랑으로 대해주셔서 큰 갈등 없이 살았다. 결혼한 뒤에 5, 6년이 지나 두 아이가 태어나면서 우리의 가족 분위기는 더없이 좋았다.

두 자녀를 의사로 키우셨으니 자녀 교육이 좀 남달랐을 것 같은데요. 특히 한국 여자들의 양육은 세계적인 수준이잖아요.

그렇지요. 결과적으로 저도 억척스러운 한국 여자 중 한 사람이지요. 하지만 절대 여자만으로는 안 됩니다.

그에 대해 더 말씀해 주세요.

남편과 나는 자식들의 교육을 위해 항상 뒷바라지를 아끼지 않았다. 엄마의 교육열과 아버지의 교육열이 함께해야 하니 아이가 잘되었다면 온전히 부부 공통의 공이라고 보아야 할 것이다.

한국의 교육과 독일의 교육에 큰 차이가 있다면 어떤 것인가요?

아이들 특별 교육이라고 말했지만 성장에 필요한 기본 교육에 충실했던 것 같다. 한국에서는 아이들의 예체능 교육은 기초 소양이 아니라 먼저 전문인으로 성장할지 가능성을 두고 접근하는 대신 독일 사회에서는 그렇지 않다. 유도 태권도 테니스 수영 스키 음악 무용 발레 등을 골고루 가르쳤다. 공부를 해야 할 시기가 되어서 아들에게는 남보다 좋은 집을 갖기 위해서는 내가 어떤 직업으로 살아갈 것인가를 정해야 하고, 그에 따른 교육이 필요하다고 가르쳤다. 자연스럽게 의사 직업을 선택했고, 의학박사 마쳐 의사가 되었다. 딸은 발레를 배웠지만 내과 의사가 되었다.

발레 공부에서 의사가 되는 과정은 좀 다를 듯한데요.

딸은 발레 승마 수영 테니스를 했고, 초등학교 때부터 성적이 좋았다. 항상 1,2등 하도록, 큰 나무를 만들기 위해서 일찍부터 교육 계획을 철저히 세웠다. 집을 지으려면 터전이 단단해야 하는 것처럼 어려서 다양한 공부를 많이 하도록 했다. 8, 9살에는 영국에 유학을 시켰다. 전화가 왔다. "집이 무너질 것 같아서 안 들어갔다."고. 이 전화를 받고 바로 미국으로 유학 장소를 옮겼다. 아들이 미국 산디에고 유학할 때 컴퓨터를 잘해서 부시 대통령상을 받았다. 1등부터 10등까지 맨 앞줄에 대통령상을 받는 아이들을 세웠는데, 아들이 당당히 그 자리에 서서 자랑스러웠다. 미국에서 고등학교를 졸업하고 독일로 돌아와 제 학년에 들어갔고, 1년 더 다닌 뒤에 졸업했다. 그런데 학교 운영위원장에 출마한다고 해서 나랑 같이 연습을 했다. 나도 순천에서 공부를 할 때 운영위원장을 했던 경험이 있어서 나름대로 기억을 되살려서 함께 준비를 했다. 리허설을 열심히 하고 가더니 아들의 뜻대로 위원장이 되었는데, 이도 유전인가 싶더라. 이제 그 아들이 결혼하여 손주를 봤다.

그 손주도 자라서 운영위원장이 되겠네요.
그럴지도 모르겠네.

요즘 하신다는 한국무용에 대해 말씀해주세요.

뭐 수준이 높은 무용은 아니지만, 한국 문화를 이 땅 사람들에게 자랑한다는 생각에 모두들 열심히 연습하여 독일 사람들을 초청하여 공연을 했다. 우아한 한복에 연지 곤지 찍고, 족두리를 쓰고 6살배기, 16살배기가 되어 모두 한마음으로 공연을 했다. 여러 양로원도 찾아 다니면서 위문공연도 했다.

독일 사회에서 남편은 어떤 분이신가요? 불편하시면 말씀 안 하셔도 됩니다.

남편은 1944년생, 나와 6살 차이가 난다. 신경외과 의사인데, 머리 척추 수술의 권위자이다. 이 분야에서 탈(Thal)은 명성이 높다. 정년 뒤에 4년을 연장했고, 지금은 자유로운 의사 직무를 수행하고 있다. (필자가 독일의 의료 시스템은 잘 모르지만 가정에서도 환자를 치료할 수 있다고 했다.)

남편의 한국 문화에 대한 이해는 어떤가요?

무척 좋아한다. 그래서 한때 취미로 고전무용을 배우기도 했다. 남편은 의사로 있는 동안에도 한국에서 열리는 학술대회에 자주 초청되어 갔다. 말하자면 한국에 대해 우호적이다.

재산이 어느 정도 되나요?(이 부분을 묻기는 조심스러웠지만 망설임없이 대답했다.)

어느 날 남편과 함께 뒤셀도르프에서 어떤 큰 집을 볼 기회가 있었는데, 남편이 이런 집을 마련하겠다는 꿈을 말했고, 마치 약속을 지키듯이 이를 이뤘다. 남편은 집을 장만하고 네덜란드에 배도 마련했다. 어느 날인가 테슬라 전기차를 사더니 더 많은 돈을 벌기 위해 또 직장에 나갔다. 이렇게 할 수 있는 것도 첫째 건강이 뒷받침되기 때문에 할 수 있는 일이라고 생각한다.

그렇습니다. 내내 건강을 기원합니다. 감사합니다.

만난 사람 (19)

독한 가정의 아픔을 떨치고 우뚝 서다
● 정용숙, 鄭容淑 ● 편

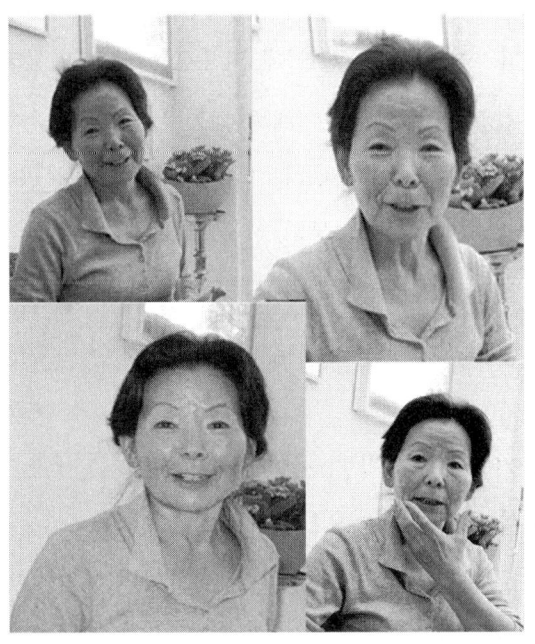

= 정용숙. 인터뷰하는 동안 표정이 내내 밝았다. 그러나 그가 펼쳐놓은 삶의 여정은 결코 밝지 않았다. 이제 아픈 날을 잊고 밝게 살기로, 스스로를 위한 삶으로 여백을 채우겠다고 다짐한다. =

고향이 어디세요?

1950년 12월 1일, 전라남도 고흥군 포두면 상대리에서 태어났다.

한국의 부모 형제에 대해서 말해주세요.

올해로 아버지가 94세이신데 아직 정정하시다. 아버지는 중학교 서무과에서 근무하시다가 여수 수산업협동조합으로 옮기셨고, 50세에 퇴직을 하셨다. 어머니는 2000년에 74세로 세상을 뜨셨다.

나는 2남 4녀 중 셋째 딸로 태어났다. 그때는 다 그랬다고 하지만 딸에 대한 구박이 유난히 심했다. 나는 그것이 늘 불만이었다. 한 인간으로 취급 받지 못하는 잘못된 한국의 묵은 관습 혹은 제도에 불만이 많았다. 얼마나 가슴에 못이 박혔던지 독일에 들어올 때 다시는 구박의 땅에는 돌아가지 않겠다는 결심을 했을 정도다.

처음부터 가슴에 못 박힌 사연부터 말씀하시는군요. 독일 오시기 전에 한국에서는 뭘 하셨어요?

여수상업고등학교를 졸업하고, 남동생이 간호사가 되는 여수간호보조학원을 소개해줘서 가게 되었다. 이 과정이 끝나고 해외개발공사에서 독일 간호사 파견 대상자를 위한 별도의 교육을 받았다. 모든 과정이 끝나고 실시된 신체검사에서 나 혼자 재검 대상으로 나왔다. 6개월 뒤에 재검을 받아 아무 이상 없다는 진단을 받고 다시 와보니 함께 교육을 받았던 사람들은 모두 독일로 떠나고 없었다.

독일에는 언제 들어오셨나요?

1974년 8월 12일, 독일 프랑크푸르트 공항에 도착했다.

어디로 배치되었나요?

뒤셀도르프에서 10Km 정도 떨어진 쾰른 라팅겐 에팡겔리쉐 크랭켄하우스(기독병원)에서 택시를 보내와서 근무할 병원에 도착했다.

병원에서 하신 일이 무엇이었나요?

독일 간호사의 심부름이었다. 침대 정돈하기, 수술 환자 씻기기, 청소 등 일주일에 6일을 일했다.

보수는 어땠나요?

당시 그 병원에는 한국 간호사 5명이 있었다. 3명은 나보다 3개월 먼저 왔는데, 2년 뒤에는 봉급이 같아졌다. 나는 최소한의 생활비 200마르크만을 남기고 모두 집으로 송금했다.

집으로 많은 송금을 한 셈이네요.

당시는 집으로 송금하는 것을 당연하게 여겼다. 내가 독일에 들어올 때 둘째 언니가 정신병이 있어서 병원에서 입원 치료를 하고 있었다. 집에서 병원비 때문에 빚을 진 것을 보고 독일에 들어와 늘 마음에 걸렸다. 돈을 보내고 나서도 돈이 모자라면 어쩌나 근심이 떠날 날이 없었다. 그러다 어떻게든 돈을 마련해서 보내고 나면 비로소 마음이 후련했다. 어느 때는 빚을 내서 보내기도 했다. 독일에서는 노동자에게 부과된 세금 중에서 가족을 양육하는 데 임금이 사용됐다는 증명만 있으면 면세가 되어 환급금이 나오는데 그 돈까지 집에다 보냈다. 10여 년 동안 꼬박꼬박.

한국은 언제 방문하셨나요?
4년 동안 송금하고, 5년째 되던 1979년에 비행기 표를 마련해서 한국에 들어갔다.

그래도 이국땅에서 내가 살아갈 준비를 따로 했어야 하지 않나요?
나중에는 그런 생각이 들 때도 있었다. 하지만 그 시절에 대부분 한국에서 나온 노동자들은 거의 다 그랬던 것 같다.

독일에서, 결혼은 언제 하셨나요?
1981년에 독일 남자와 결혼해서 딸 하나를 뒀다가 1988년에 헤어졌다. 언제부터인가 딸아이는 좋으나 남편이 싫었다. 물론 문제는 나에게 있었다고 본다. 나는 딸과 성서 1권을 들고 집을 나왔다. (결혼과 이혼을 한꺼번에 말해서 과정에 있었을 법한 아픔에 대해서는 묻지 않았다.)

그 뒤부터 생활하시기 힘들지 않았나요?
1993년 7월까지, 3년 동안은 독일 노동청에서 생활비를 받았다. 환자를 돌보는 일을 감당하기 힘들어서 자연치유사 교육을 2년 정도 받았다. 공부를 해서 시험을 치르기 위해 접수를 했더니 노동청에서 "5

년 뒤에 시험을 치러라."는 답이 돌아왔다. 대신 노동청에서 직업을 알선해 주어서 1993년 8월부터 노인요양소에서 일하게 되었다. 처음에는 3개월 정도만 일하겠다고 들어갔지만 어찌하다보니 거기서 2004년 2월까지 10년 동안 일하게 되었다.

비교적 평탄했던 삶으로 들리네요.

그렇지 않다. 건강이 좋지 않아서 육체적으로나 정신적으로 힘이 빠져서 누운 채 일어나지 못한 날이 허다했다. 류마티스와 스트레스로 인해 에너지가 빠져나간 것처럼, 나는 어떤 일도 할 수가 없었다. 어느 때에는 독일 노동청에서 돈도 나오지 않았다. 그러다 사진 찍는 취미가 있어서 3개월 사진을 찍어서 홈페이지에 올리는 일도 했고, 약국에서 3개월, 직업재활교육을 통해서 예술가들의 작품을 파는 일도 해보았지만 건강 때문에 그 일도 오래 지속되지 못했다.

정말 고생 많이 하셨군요. 그러면 언제까지 일을 하신 겁니까?

54세인가 56세가 되니 노동청에서 생활비가 나왔고, 2017년 4월부터 연금이 나오기 시작했다.

독일 가족에 대해서 하실 말씀이 있으면 들려주세요.

이혼하고 내 곁을 떠났던 독일인 남편에 대한 소식을 뒤에 들었다. 1996년 42세에 세상을 떴는데, 진단하여 암이 발견되었을 당시에는 이미 콩팥암이 온몸으로 전이되었다고 했다. 화해의 기회를 잃은 채 세상을 떠난 셈이다. 딸이 13세였을 때였으니 한참 예민할 때였다. 다행히 딸 앞으로 유산이 나와서 교육비도 나오고, 모녀가 사는 데 그나마 보탬이 되었다.

따님에 대해 하실 말씀이 있으면 해주세요.

나는 한동안 우울증으로 세상 보는 것이나 듣는 것이 모두 싫어서 괴로운 나날을 보냈다. 하지만 딸이 심리학을 전공해서 친구처럼 대화를 많이 하면서 치유가 되었다. 육체적인 건강 회복과 함께 우울증이 치유되었다. 이로 보면 딸이 내 멘토인 셈이고, 내 인생의 큰 축복이다.

현재의 삶에 대해서 말씀해주세요.

나는 자신의 건강을 위해 가쁨을 주는 일을 하고 싶었다. 좀 엉뚱하게 들릴지 모르겠지만 아이디어가 하나 떠올랐는데, 책방에서 증권 투자에 관한 책을 구입하게 되었다. 증권 투자와 관련된 책이었는데, 아주 적은 금액으로 연습 삼아 투자를 했다. 이는 돈을 버는 목적이라기보다 다양한 지식이나 정보에 관한 공부가 필요한 일이었다. 나는 여기서 정의로운 정치에 대해 나름대로 규정하게 되었다. 곧, 경제 사회 역사 예술 정보통신 등 다양한 분야가 정치적으로 잘 융합돼야 바른 세상이 된다는 것이다. 그래서 정치 지도자가 누구냐에 따라서 나라의 경제적인 부가 흥하기도 하고 망하기도 하지 않던가. 요즘은 역사나 정치가의 말을 흥미 있게 접하고, 정보를 폭넓게 접하고 분석하는 일을 한다.

좀 현실 정치적인 말로 들리네요.

반드시 그렇지는 않다. 1979년 8월, 한국에 처음 나갔을 무렵인데, 당시는 사람들을 만날 때마다 한국의 정치 현실에 대한 비판을 많이 했다. 그러나 내 앞에 닥친 일과 건강 문제로 현실에 관심이 자연 멀어져 있었다.

미래의 삶에 대한 희망에 대해서 말해주세요.

나는 내 생애를 남을 위해 살아온 것 같다. 이제는 철저하게 나를 위해서 살아야겠다고 다짐하곤 한다. 그래야 즐거울 수 있을 거니까.

이제부터라도 자신의 삶을 찾겠다는 말씀이 귀중하게 느껴집니다. 감사합니다.

만난 사람 (20)

온갖 삶의 역경을 딛고 꿋꿋이 일어선 오뚝이 인생
● 박선애, 朴仙愛 ● 편

= 박선애. 인터뷰 내내 가슴 저린 사연 일색이었지만 그녀의 현재 삶은 맑고 쾌활했다. 누구보다도 큰 상실의 아픔을 겪었으면서도 그것을 삶의 한 과정으로 여기며, 가족을 보듬어 여울 거친 삶의 강을 건너왔고, 오늘을 소중히 가꾸면서 살아간다. =

먼저 태어난 곳과 고향 소개부터 해주세요.

1952년생, 태어난 곳은 전주이다. 6남매 중 맏이로 태어났다. 성심여자중고등학교를 다녔는데 공부를 더 시켜주지 않았다. 아버지가 사업하다가 망해서 내가 대신 돈을 벌어야 했다. 당시 어른들이 아버지를 두고 "땅 1백 마지기 팔아서 무역하다 쫄딱 망해 바가지 찼다."고 말했다.

당시 신앙을 가지고 계셨나요?

한국에 있을 때부터, 천주교 전동성당에서 혼배성사까지 받은 신자다.

파독을 결심한 동기부터 말씀해주세요.

나는 간호보조원 양성소 9개월 만에 해외개발공사에서 모집한 근로자 파견 대열에 섞여 들었다. 파독 간호사가 내게는 무서운 현실로부터 확실하게 도망치는 방법이 되었다.

어디로 들어오셨나요?

나는 독일 아닌 오스트리아로 들어왔다. 1972년 8월 오스트리아 비엔나 병원에 떨어졌다. 2-3회에 걸쳐서 200여 명을 받았는데 나는 첫 회로 들어갔다.

대개 파독 간호사가 대부분인데, 오스트리아는 특별한 경우네요. 들려주세요.

언어소통이 원활하지 않은 상태에서 사전을 보면서 하루 12시간씩 고단한 노동을 해야 했다. 근무하면서 집에 가고 싶어 날마다 땅을 치며 눈이 붓도록 울기도 했다. 기숙사 생활을 하면서 울다가 병이 났다. 마치 부모가 내 피를 빨아먹는 것만 같았다. 근무하다가 쓰러지고, 눕혀 놓으면 잠을 자고…… 공부 못하게 된 것이 내내 한이 되었다. 도저히 견딜 수 없어서 병원 수간호사에게 "독약장 키를 달라. 나 죽고 싶다." 하고 호소했다. 그 수간호사는 "네가 죽으면 네 엄마와 네 형제들, 아이들이 다 슬퍼해." 수간호사가 나를 안정시켜 재웠다. 다음날 수간호사가 나를 정신과에 데려갔다.

정말 아픈 과정을 거치셨군요.

병원에서 신경안정제를 처방받아 약 먹고 병원에서 일하다 쓰러져 눕고, 한잠 자다 깨고…… 정신공황 상태가 되었다. 그러다 어느 날 미사 드리고 잠을 자는데, 꿈에 예수를 만나면서 은혜를 받아 복용하던 신경안정제 약을 버릴 수 있었다. 나는 이렇게 억척스럽게 일해서 번 돈을 집에 다 보냈다.

오스트리아 병원에서 얼마 동안 계셨나요?

1974년, 2년 임기 마치고 6개월간 수도원 병원에서 수녀님들과 생활을 하게 되었다. 이때 집에서 편지가 왔다. "아버지가 200만 원 빚을 졌다. 수도원에 가면 원장님과 의논하여 빚을 갚아달라고 해라.

빚을 갚고 수녀가 되면 학교에 가 공부를 더 할 수 있다."고 했다. 처음에는 그럴 생각이었지만 수녀가 사는 것을 보니 마음이 내키지 않았다. 내가 어려서 보아왔거나 생각했던 신부 수녀가 아니었다. 서로 헐뜯고 욕하고, 늙은 신부의 똥을 받아내고, 거룩한 사제가 아니라 어두운 데서 신문을 보는, 아버지를 닮은 신부가 있었다.

독일에는 언제 들어오셨나요?

독일에 온 것은 1975년 8월, 쾰른 공항에 도착했다. 친구의 기숙사에 머물며 여러 병원을 찾아다녔다. 마침 한국 수녀를 만나 병원에 일자리를 잡았다. 본에서 자동차로 30분 거리 떨어진 수녀 병원에서 근무를 시작했다.

독한 가정이라고 들었는데, 배우자는 어떻게 만나게 되었나요?

환자로 들어와 있던 독일 남자가 퇴원을 한 뒤에 병동으로 꽃다발을 가지고 찾아왔다. 그래도 그 남자가 선뜻 내키지 않았다. 그래도 그 남자는 끈질기게 병동에서 기숙사로 가는 길목에서 같은 시간에 기다리곤 했다.

그래서 결혼 승낙을 한 건가요?

그 남자가 결혼하자고 제안해왔다. 내가 "왜 서둘러 결혼을 하느냐?"고 되묻자 그가 "너는 결혼하지 않으면 한국 돌아가야 한다. 결혼하면 안 보낸다더라." 라고 말해서 비로소 한국으로 돌아가야 하는 내 처지가 실감났다. 그렇지만 "나는 한국에 가야 한다."고 심드렁하게 말했다. 그래도 그가 결혼을 하겠다고 했다. 이번에는 내가 그의 집안 이혼 내력을 잘 알고 있어서 "우리나라는 결혼을 하면 절대로 이혼을 하지 않는다."고 말을 던졌다. 그러자 그가 비장해져서 말했다. "나는 어머니의 이혼을 보아왔기 때문에 절대로 이혼은 하지 않는다."고 했다. 그제야 나는 결혼을 승낙하고 딸을 낳았다. 첫 딸을 낳은 뒤 7년 만에 아이가 들어섰고, 연거푸 두 명을 더 낳았다.

순탄한 결혼 생활로 들리네요.

결코 순탄하지 않았다. 딸을 낳고, 그 딸을 데리고 병원에 다녔다. 시어머니는 철저하게 나를 무시하면서 "내가 아이를 돌보아 줄 테니 돈을 내게 달라."고 했다. 이제부터는 또 돈이 나가는 곳이 생겼다. 결혼을 한 뒤에도 한국에 그림을 그리는 동생 물감 값을 대주고 있었다. 이를 알게 된 독일 시어머니가 "왜 한국에 돈을 보내냐?"고 핀잔하기 시작했다. 독일 시어머니는 200마르크 돈을 받으러 집으로 찾아올 정도였다. 워낙 사이가 좋지 않아서 그래도 어떻게 친해보려고 꽃을 사 가지고 갔더니 꽃을 받아 들고 보는 앞에서 쓰레기통에 집어넣어 버렸다. 순간 시어머니는 마귀할멈이 되었다.

고단한 시집살이였겠군요?

시할머니는 히틀러와 테니스를 칠만큼 상류층으로, 사교력도 있고 피아노도 잘 쳤다. 시어머니는 자신이 돈 벌 필요가 없는 부잣집 무남독녀였는데 가난한 남편을 데려다 공부시켰다. 그러더니 이혼하고 집을 떠났다가, 얼마 안 있어서 나의 남편을 낳았다. 그리고 시아버지는 사냥하다가 세상을 떠났다. 나의 남편 나이 12살 때의 일이었다. 우리가 결혼했을 때는 집안이 몹시 궁핍해졌을 때였다. 그러다 보니 나 혼자서 시댁까지 부양해야 할 처지였다.

남편은 당시 어떤 역할도 하지 못했나요?

나는 그런 환경에서도 남편을 고등학교를 마치고 대학까지 보냈다. 전자공학 공부 석사까지 시켰다. 나는 정식 간호학교에 다녀서 수간호사가 되는 자리를 등 돌리고 딸아이를 키우기 위해 밤 근무를 자원했다. 돈을 악착같이 벌어서 남편 뒷바라지로 벤츠 BMW까지 사줬다.

한국에는 언제 다녀오셨습니까?

나는 유럽에 온 지 6년 만인 1978년에 한국 갔고. 다시 8년 만인 1986년에 한국에 갔다.

남편은 결혼한 뒤에 대학을 갔는데, 전자공학을 하게 된 어떤 계기가 있나요?

남편이 대학에 간 이유는 엔지니어로 한국에 들어가는 조건이었다. 남편과 결혼 조건 중 하나였던 셈이다. 또 하나는 이혼하지 않는 거였다. 지멘스(SIEMENS) 회사에 로봇 프로그램 부장 자리에 있었다. 대학에 다니면서부터 우리는 한국으로 진출하는 것이 목적이었다. 17년의 노력 끝에 조국으로 들어가는 길이 열렸다. 지멘스 회사에서 나의 남편을 창원 지멘스 지사장으로 추천을 했다. 남편 혼자 창원의 새 일자리를 점검하고 돌아오더니 가지 않겠다고 했다. 첫 번째 이유는 한국이 너무 더럽다. 둘째는 걸프 전쟁이 나서 위험해서 독일을 못 떠나겠다는 것이다. 이로써 내 꿈은 끝장나고 돌아갈 수 없는 조국이 되어버린, 내 가슴에는 또 하나의 한을 남긴 셈이다.

공부가 한이 되었던 본인은 소원풀이를 했나요?

아니다. 졸업을 하지 못했다. 우울증이 심해져서 휴학을 했다. 그 뒤에 나는 본에 있는 신학교를 다녔다. 신학교에서는 3학년 때 외국으로 실습을 가야 한다. 그때 막내를 데리고 한국에 들어가 6주 실습을 마치고 왔다. 실습 장소는 한국 교회 정박아 고아원이었다.

아픈 과정을 차마 여쭙기 어렵지만, 간단하게 정리해주세요.

큰딸이 24살 때, 내가 한국에서 고아원 실습을 마치고 돌아왔을 때 남편이 딸 같은 여자와 집을 나가 지금도 같이 살고 있다. 딸은 엄마가 당하는 이런 아픈 과정을 지켜봤다. 한때 딸에게는 아버지가 이상의 남자였는데, 그렇게 하루아침에 바뀌어버렸다.

제가 독일의 사회 환경을 잘 몰라서 여쭙는데, 이혼이 그렇게 쉽습니까?

물론 간단하지 않다. 이혼이 늦게야 마무리 되었다. 그 당시 딸과 큰아들은 제 갈 길을 가고, 곁에는 막내아들이 남아 있었다. 막내아들이 나서서 이혼 절차를 마무리 지었고, 빼앗겼던 집도 찾았다. 그렇지만 여전히 재정을 착취해 간 것이 내내 억울했다.

그 시련을 어떻게 감당하셨나요?

배신에의 아픔은 내게 너무도 뼈아팠다. 이는 뭐랄까. 내 안에서 눈물의 폭포가 흘러내리는 소리로 들리기도 했다. 어느 시기가 되자 이것이 강물 되어 흐르고, 먼 바다로 나가는 것이 느껴졌다. 그 즈음에 마침내 내게 한계가 왔다. 그러나 나는 성경 말씀을 통하여 하나님의 역사를 체험했고, 하나님의 영적인 세계를 맞으니 내게 닥친 고난에 대해 오히려 감사할 수 있었고, 비로소 잠을 잘 수 있었다.

한국의 가족과는 연락이 되나요?

연락이 되기는 한다. 그렇지만 떨어져 살아온 세월이 너무 길어서 서로 그냥 그러려니 하는 맘으로 가끔 연락하며 지낸다. 친정아버님께서는 친정어머니와 사별한 뒤 여자친구와 다른 여동생이랑, 2개월간 유럽 여행을 하고 나에게는 연락도 없이 돌아갔다. 물론 여기 사는 손주들도 보지 않고 말이다. 나는 차마 말하지 못했지만, 내 막내 아들이 무척 섭섭해 하며 "뒷날 할아버지를 만나면 왜 그러셨는지 꼭 묻고 싶다."고 했다. 내 아래 동생이 여기서 한 시간 떨어진 거리에서 살고 있다.

나중에 들었지만, 내가 못사는 꼴을 보고 싶지 않아서였다는 사실을 알았다. 내가 독일에서 돈을 벌어서 학비를 받으셨던 동생들조차도 내가 이런 불행한 처지가 되자 나를 외면했다.

몹시 서운하셨겠네요.

하지만 이마저도 다 지나간 일들일 뿐이다. 지금은 가난했던 지난 시절 이야기는 잊고 싶다. 옛적 이야기를 떠올리면 서로 괴로울 뿐이다. 가능한 현재를 중심으로 살아가려고 애쓰고 있다.

현재 독일의 가족들과는 어떻게 지내시나요?

두 애는 결혼해서 각자 행복한 삶을 살아가고 있다. 손주도 둘이나 됐고. 여덟 살짜리 손주가 "할아버지는 어디 사시냐? 보고 싶다."고 해서 "다른 여자와 산다."고 하니 "그래도 우리 할아버지잖아요." 하는 바람에 가끔 가족이 만나서 산책도 한다. 이런 것이 독일 사회의 한 관습이고 문화이다. 아이들이 아빠와 이해되지 않는 부분이 있어도 종종 만나고 화해하고 산다. 특히 집안 행사인 아이들 결혼식, 입학식, 생일 파티, 졸업식 때는 함께 만나 놀다가 헤어진다.

마지막으로 하시고 싶은 말씀 들려주세요.

어린 날, 상할머니 품에서 두려움 없이 살았던 그 시절로 돌아간다. 할머니는 꽃잎도 따지 못하게 하셨고, 연약한 잠자리 한 마리도 함부로 잡지 못하게 하셨던 분이셨다. 이제는 근심 없이 화평하게 잠들 수 있다. 이제 이런 날이 이어지기를 기원하면서 살아가고 있다.

만난 사람 (21)

연약한 몸으로 간호사의 삶을 살아낸 백의의 천사
● 이부혜, 李富惠, Bu-Hae, Kang.Lee ● 편

정원에 선 노부부. 아래는 가족사진이다.

= 아직 소녀 같이 조용한 이부혜. 함부르크 시내에서 좀 떨어진 2층 저택에 두 부부가 살고 있다. 지금은 모두 떠났지만 아들 딸 가족들로 이 집안이 넘쳐날 때가 있었다고 말했다. =

깔끔하게 정돈된 정원, 그 정원 한쪽에서 온갖 푸성귀를 기르는 강대령의 느릿한 삶이 인상적이었다. 필자는 잘 정돈된 삶을 흔들어놓지 않으려 조심스럽게 초인종을 눌러서 이들 부부를 만났다. 거실 곳곳에 화기애애한 가족사진이 걸려 있었다.

고향이 어디신가요?

경남 마산시 평화동 5번지. 하지만 나는 일본 동경에서 태어나 한국으로 들어와 성장했다. 지금도 바다가 내려다보이는 마산이 눈에 선하다. 그런데, 어느 때 마산에 가 봤더니 어린 날 수영하던 바다는 매립되어 아파트가 들어서고, 잔잔한 바다의 서정은 어디에도 없어서 아쉬웠다. 홍난파의 가곡 〈가고파〉를 들으며 아련한 꿈에 젖기도 했다.

부모 형제들에 대해서 간단하게 소개해주세요.

지금은 부모님이 다 돌아가셨는데, 삶이 좀 특이했다. 일본에서 살다가 가족이 모두 한국으로 나왔다가 아버지는 아예 일본에서 생활하시고, 모친은 연락선 타고 일본을 자주 드나드는 생활을 했기 때문에 마치 부모가 재외 동포처럼 느껴졌다. 우리 형제는 7남매였는데, 거의 고아처럼 떨어져 살았다. 이산가족도 가끔은 만나는데 우리 가족은 그 조건도 되지 못했다. 우리가 성장한 뒤에는 아버지가 일본에서 자주 나오셨다. 무슨 이유 때문인지 잘 모르지만 7남매 중 큰언니만 일본으로 데리고 들어가셨다. 그 언니는 일본에서 교사로 사셨고, 형부도 신문사에 다녔는데 이제 언니 내외도 90살이 넘었다.

독일에 들어온 동기부터 말씀해주세요.

나는 마산간호고등기술학교(1956년 설립) 출신인데, 선배가 간호원장으로 있어서 졸업하고 그의 소개로 그 학교에서 일했다. 내가 있던 학교는 마산간호전문대학(1979년)으로 개편됐다가 마산간호보건전문대학(1983년)으로 바뀌었더군. 수간호원 같은 위치로 모교에 머물고 있을 때, 파독 간호사 광고를 보게 되었다. 한국에서 독일로 들어올 때의 목적은 금전도 기대했지만 세계를 보는 눈, 더 많은 것을 배우고 싶어서였다.

독일에는 언제 들어오셨나요?

1972년 2월에 하노버 지역 신교 계통의 기독병원 헨리에텐 쉬티푸퉁(Stifutung)에 처음 근무지로 배치되었다. 제법 큰 병원이었다. 간호사 담당자가 에리카 집사였는데, 우리 각자에게 근무하고 싶은 곳을 물었다. 하노버 지역에서 좀 떨어진 조산원으로 6명이 간호사로 배치되어 근무했다. 그 조산원에서 3년을 근무하고 이곳 함부르크로 올라왔다.

병원 생활이 순탄하신 것 같지만, 어려움이 있었다면 어떤 것이 있나요?

지금은 아닐지 모르지만 당시 독일 사람들은 동양인들 특유의 마늘 냄새를 싫어했다. 수술 환자 회복실에서 마늘 냄새가 난다면서 토한다. 직접 마늘을 섭취하지 않아도 피부에 흡수되어 나는 냄새 같기도 하다.

결혼하고 독일에 홀로 들어오신 경우인데, 그것도 아이 양육 등 여러 가지 문제가 있었을 텐데요?

그게 이상해. 어떻게 하다 보니 아이들에게는 내가 꼭 부모처럼 살고 있더라고. 한국에서 결혼을 하고 아이가 겨우 돌이 될 무렵에 남편과 아이를 떼어놓고 들어왔으니.

아이들은 누가 키우고요?

돌 지난 아이를 이모들이 키워줬다. 그나마 남편이 독일에 더 먼저 들어와 합류하고 딸은 더 뒤늦게 들어왔다. 어쩌다 보니 그렇게 되었다.

그렇다면 남편과 아이와도 떨어진 삶이었는데요?

정말 돌아보니 기구한 가정이었다. 딸이 제 아빠가 군인인 줄도 모르는 상태에서 남편이 예편을 했고, 딸이 독일에 들어왔을 때 아빠는 아저씨가 되어 있었다.

부군께서 독일에 들어오신 이야기 좀 들려주세요.

남편은 당시 육군 대령으로 있다가 예편했는데, 3년 뒤에 초청으로 독일에 들어왔다. 남편이 들어왔을 때는 월남에 참전했다가 식성이나 기후가 맞지 않아서 고생하다가 환자로 예편했는데, 엑스레이를 찍어

보니 폐병 환자로 체크되었다. 마침 치료에 도움을 준 사람이 있어서 건강을 회복하여 이곳에서 2014년까지 건강하게 직장 생활을 했다.

그러면 돌 지나 두고 왔던 딸은 언제 들어왔나요?

딸은 8세 때 독일에 들어왔다. 그래도 얼마나 착하고 손재주가 좋았던지 독일 교사들로부터 '작은 동양인 아이'는 처음부터 사랑을 받았다. 나나 남편이 사는 데 바빠서 아이를 돌볼 수 없었는데도 딸아이는 학교를 몇 달 다니는 동안에 독일어를 아주 잘했다. 말수가 적은 편인데, 독일어를 정확하게 잘했다. 우리는 이런 사실을 잘 몰랐는데 하루는 담임 선생님이 찾아왔다. 선생님이 "독일 말을 문법에 맞게 잘하고, 착하고 자상한 성격"이라는 장점을 알게 되었다. 뿐만 아니라 피아노도 잘 치고 그림을 잘 그렸다. 결국 이 아이는 종교음악과 교육학을 전공하여 피아노를 잘 치고 오르간을 잘 다루는 조용한 성격의 동양인이 되었다.

간호사로 근무할 때 이야기 좀 들려주세요.

당시 파독 광부 간호사들은 결혼하기 위해 서로 열심이었다. 결혼 적령기에 들기도 했고, 결혼하면 월급이 많아지고, 3년이 지나도 귀국하지 않을 방법이 결혼이었기 때문이다. 특히 광부들은 결혼 안 하면 한국으로 들어가야 했기 때문에 결혼을 하려고 애를 썼다. 남자들이 휴일이면 차를 타고 와서 기숙사 앞에서 애정을 호소하면서 차 안에서 잠까지 자면서 대기했다. 어떤 때는 아침에 일어나 보면 기숙사 방문 앞에 남자 한 사람씩 붙어 있는 광경도 볼 수 있었다. 경우에 따라서는 오기가 날 정도로 악착같이 나서서 결혼에 성공한 사람도 있고, 결국 실패한 사람도 있었다. 당시 신붓감 구해 결혼한 이들이 지금은 다들 잘 살고 있다.

음식이나 언어 소통에 어려움이 있다고 들었는데, 그에 대해 생각나는 것이 있으면 들려주세요.

언어 소통의 어려움도 물론 컸다. 당시 향수를 달래는 방법으로, 서로 밑반찬에 밥을 지어서 이 방 저 방에 모여 식사를 나누곤 했다. 특히 기혼인 내 방에 많이 모였다. 한국 음식 한두 개 만들어 밥을 지어 먹으니 한동안 독일 음식에 적응이 안 되기도 했다. 독일의 여집사들이 기숙사 관리를 잘해줘서 먹고 자는 생활에는 불편이 없었다.

일행 중에는 더러 불행한 경우도 있었을 텐데요.

그렇지요. 어디나 사람 사는 세상이니까. 더러 이혼의 아픔을 겪기도 하고, 때로는 밖으로 떼를 지어 나다니다가 사고를 당하는 경우도 있었다. 이런 아픈 과정을 겪는 동안 독일로 들어온 사람들은 어떻게든 운명이 결정되곤 했다. 다음날 독일을 떠나겠다고 벼르던 사람이 지금까지 떠나지 못하고 살고 있거나, 악착같이 독일에서 살겠다고 작정한 사람이 얼마 지나지 않아서 훌쩍 고국으로 떠나기도 했다.

파독 3년이 지난 시기 동료들의 이런저런 이야기 좀 들려주세요.

미련 없이 한국으로 돌아가는 경우도 있고, 아까 말한 것처럼 결혼을 해서 사는 부부도 있고, 귀국하기 1,2주 전에 이스라엘로 성지 순례를 같이 갔다가 돌아와 결혼해서 지금까지 잘 살기도 한다.

함부르크 생활이 대부분이신 것 같은데, 이곳 삶에 대해서 말씀해주세요.

독일에 첫 발을 디딘 지 3년 동안 언어도 잘 안 통하는 중에 거의 24시간 일을 했다. 2교대로 12시간 일하니 숙소와 직장을 왔다 갔다 하는 동안 내 신세가 마치 새장에 갇힌 새와 같았다. 함부르크로 올 때는 마침 2교대에서 3교대로 바뀌면서 인력 수급이 늘어나서 직장 구하는 데 큰 어려움이 없었다. 1976년도에 문을 연 에도클리닉(정형외과 Endo Klinik)에서 27년 동안 일했다. 33년 동안 줄기차게 일했다.

정말 대단하시네요. 특별히 기억날 만큼 어려움이 있었다면요?

당시 삶을 돌아보면 눈물밖에 안 나온다. 그만큼 일에 쫓겨서 시간 여유가 없었다. 일하다 척추결핵을 앓아 병원에 누웠던 적이 있었다. 지금이야 자녀들 다 잘 키워서 여행도 다니고 다들 편히 잘 살고 있다. 돌아보면 나뿐 아니라 주위에 억척스러운 간호사들이 참 많다. 지나고 보니 모두 행운의 연속이었던 것 같고, 이에 대해 감사할 뿐이다. 파독 간호사들은 누가 뭐래도 백의의 천사들이다. 어느 누구보다도 열심히 착하게 성실하게 환자를 돌보며 자신의 삶을 살아낸 간호사들, 천사 아닌 사람이 없다고 본다.

지금은 연금 수혜자가 되셨으니 고생하신 보람이 있겠네요.

연금? 그것도 쉬운 것 아니야. 설명하기 복잡하고 어려워. (필자도 복잡한 독일 연금법에 대해 많은 말을 들었지만 온전하게 이해하기는 어려웠다. 그렇지만 이민자들 입장에서 보면 연금 수혜는 노후 생활 안정 자금으로, 이를 지키기 위해 젊은 청춘을 바쳤다고 보아도 과언이 아닐 것이다.)

독일에 함께 들어온 동기들 소식도 가끔 듣나요?

얼마 전에 후배 남편이 드러누웠다. 그저 안타깝게 지켜볼 수밖에 없지만 할 수 있는 말이 겨우 "음식을 많이 먹게 해라. 먹는 게 중요하다. 음식이 때로 사람의 병을 낫게도 하지만 고통스럽게 한다. 본인의 뜻을 묻고 소통하면서 잘 먹게 해라." "신경 많이 써라. 사랑이 모든 병을 낫게 한다." 하는 위로의 말을 건넬 뿐이다.

요즘 생활은 어떠세요?

이제는 간편하게 살려고 노력한다. 연금을 받기 전까지는 근무처 교회 집 세 곳을 다니며 숨 쉴 겨를 없이 살았다. 요즘은 교회에 나가 자녀들을 위해 열심히 기도 생활하면서 시간을 보낸다. 한동안 각종 협회를 다니기도 했지만, 이제 그것도 그만뒀다.

동료 중에는 어려움을 겪는 경우도 보셨겠지요?

물론이다. 사랑하는 사이라면 모든 것이 극복이 되기도 하지만, 아주 사소한 것에서 갈등을 빚기도 하고, 마침내 비극으로 치닫는 경우도 많다. 예를 들면 한국인이 김밥을 고집하는 경우가 있다. 하지만 김밥을 어떤 독일 사람은 바다 냄새 때문에 싫어하는데, 서로 좋아하는 것으로 착각하면서 살기도 한다. 이렇게 맞지 않아도 극복하며 사는 것이 독일인이지만 한번 돌아서면 냉정하게 뒤돌아보지 않는 것도 독일인이다. 이혼의 아픔이야 한국 사회에도 있을 수 있는 일이지만 낯선 독일에서 맞는 이혼은 더 뼈아픈 것도 사실이다.

만난 사람 (22)

헌신으로 독한 가정의 이질적인 문화를 극복한 삶
● 김춘자, 金春自 ● 편

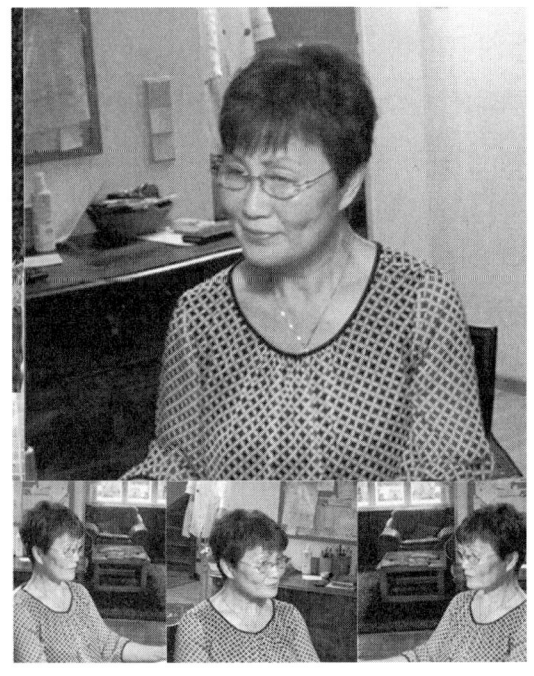

= 김춘자. 작고 아담한 모습이었다. 얼굴에 넘치는 웃음이 너무도 밝았다. 그렇지만 왜소한 몸으로 거대한 독일 사회를 이겨낸 여인이라는 점에서 당당해 보였다.=

안녕하세요? 흔한 성함이네요?

그냥 아무렇게나 생각나는 대로 지은 것 같아도 흔한 이름이 아니다. 한국에 단 하나밖에 없는 스스로 자(自) 자를 쓰는, 한국에 단 하나밖에 없는 이름이다.

그 이름으로 독일까지 오셔서 성공된 삶을 일궈내셨네요.

성공? 정말 성공일까?

그럼요. 그리고 무척 젊어 보입니다.

1950년 9월 2일 생이니 파독 간호사 나이로는 좀 어린 편에 속하긴 하지.

고향이 어디세요?

전라북도 정읍군 신태인읍 화호리. 그래도 거기는 깡촌이 아니야. 우체국 지서 종합병원도 있었고, 화호중고등학교도 있다. 그곳에서 나고 자랐다. 처음에는 백산중학교에 가려고 자전거까지 배웠는데, 무슨 사정에 따라 화호중학교에 가게 되었다.

가족에 대해 말씀해 주세요.

8남매 중 다섯째인데, 위로 오빠 하나 언니 셋, 아래로 남동생 둘, 여동생 한 명이 있다. 아버지가 딸 둘 아들 하나를 데리고 들어오셨다.

형제가 많네요. 다들 잘 계신가요?

아버지는 내가 독일에 들어와 있을 때인 1984년에 돌아가시고, 어머니가 95세이신데 아직 정정하시다.

독일에 들어오신 사연부터 들려주세요.

앞에서 말한 대로 형제가 많은데다, 집이 가난해서 나는 선생님들의 구두 닦으며 중학교를 다녔다. 처음부터 가난한 것이 아니라 아버지가 어떤 사업하는 사람의 꾐에 빠져서 많던 땅을 팔아 사업자금을 댔다가 사기를 당해 쫄딱 망했다. 이렇게 가난해진 환경에도 엄마는 교육열이 강한 사람이었다. 아버지는 교육을 시키려는 엄마를 미워했다. 가난한 기억을 되돌아보니 먹을 게 없어서 호박을 삶아 먹고 살았다. 어느 해는 탱자나무에 걸린 호박 넝쿨에 호박이 많이 달려줘서 굶어죽지 않고 먹고살게 해준 것 같다. 그렇게 가난한 중에 아버지는 특이하게 큰집만 생각했는데, 큰아버지는 노름꾼이고, 큰어머니는 상당히 이기적인 사람이었다. 그런 가난한 생활 중에도 참을 수 없는 것은 한국 사회에 형성되어 있는 딸에 대한 차별이었다. 먹을 것이나 교육에서 딸은 언제나 후순위였다.

순한 분이어서 저항 같은 행동은 없었을 것 같은데요.

말은 안 해도 그것은 가슴에 응어리로 남아 있는 일이었지. 중학교를 졸업하고 고등학교를 가려고 했으나 아버지는 여자여서 안 된다고 했다. 나는 어린 나이에 큰 상처를 입고 상심에 빠져 있었다. 하지만 학교에 갈 만한 형편이 되지 못하니 제아무리 교육열이 강한 엄마라도 같이 마음만 아파하셨다.

이때 아는 분이 우리 집에 와서 병원에서 일할 것을 권유했다. 병원 경력이 약 1년 정도 되었을 때, 우연히 신문에서 해외개발공사 파독 간호사 모집 광고를 보게 되었다. '간호사 간호보조원 교육을 받아 독일에 갈 수 있다'는 것이었다. 셋째 언니가 원주에서 살고 있었는데, 내가 9개월 교육비 좀 대달라고 했고, 마침 언니가 승낙을 해줬다. 이렇게 해외개발공사에서 시행하는 9개월 과정의 간호학원을 다니게 되었고, 시험에 합격했다.

한국을 떠나는 당시 심정이 어땠나요?
내가 하고 싶은 것도 못하는 가난한 한국, 가난한 우리 집, 솔직히 독일로 들어오면서 가난하고 모순된 한국을 탈출한다는 생각이 들었다. 정말이지 한국을 잊고 싶었다.

앞에서 하신 말씀 안에 독일에 온 동기가 들어 있긴 했는데, 다시 정리해주세요.
뭐 포장할 필요도 없다. 그냥 없어서 돈 벌기 위해서 왔다. 내 힘으로 돈을 벌어서 동생들을 가르치고 싶었다. 엄마는 누가 뭐라 해도 아들 딸 구별 없이 모두 가르치려고 했으니까. 교육열이 유난히 강했던 엄마를 나는 지금도 잊지 못한다.

독일 생활 시작부터 말씀해주세요.
1972년 3월 11일, 쾰른 공항에 도착해서 남쪽 지역 오펜브르그

(Offenburg) 시립병원에 10명이 배치되어 갔다. 기숙사 생활 3년 했고, 3년이 지나자 귀국하거나 새로운 일자리를 찾아야 했다. 마침 베를린에 아는 언니가 있어서 베를린에 일자리를 구해줬다. 베를린 적십자병원 비뇨기과에서 신장 방광치료를 돕는 일을 3년 동안 했다. 그래도 독일에 오자마자 독일어를 빨리 익혀서 주위 사람들에게 칭찬을 받았다. 책임감이 강하고 인간성이 좋으니 수간호원이 나를 유난히 따뜻이 대해줬다. 보조원으로 3년 일하고 나서 자유대학병원으로 옮겨서 정식 간호학교를 3년 다녀서 간호사가 되었다.

독일 생활을 하면서 정말 한국과는 결별했나요?

마음은 그랬지만 결국 얽매게 되었다. 내가 독일에 오려고 집을 나서던 날 빚쟁이가 들이닥쳤다. 아버지가 "돈이 없는데 어떻게 하느냐? 어떻든 이 애가 가고 나서 말하자." 하고 빚쟁이들을 달래는 말을 들었을 때 내 억장도 함께 무너졌다. 나는 그날 아버지가 죽도록 미웠지만 그런 아버지가 너무도 불쌍했다. 독일에서 돈을 벌어서 어떻게든 동생들이 배고프지 않도록, 또 동생들을 가르치기 위해서 돈을 버는 대로 모두 송금했다. 한 남동생은 아주대 공과대학, 또 한 남동생은 고려대 방사선과를 졸업했는데, 학비로 9년을 송금했다. 그 중 한 여동생은 내가 희생하는 것에 고민이 많았고 괴로워서 고등학교를 졸업하고 학교를 더 가지 않았다고 했다.

독일인 남편이라고 들었는데, 어떻게 만났나요?

베를린 적십자병원에 있을 때, 대학교에 들어가기 전에 남편을 만났다. 기숙사 생활을 할 때였다. 당시 나는 30세 때였는데 오직 한국에 있는 가족을 위해 헌신하고 살다 보니 직장과 병원만 오가는 생활을 하고 있었다. 어느 언니가 "울타리를 벗어나 독일 사람들이 사는 세상도 보고, 자기 앞도 좀 내다봐라. 이제부터는 가족을 위해 사는 삶이 아닌 네 삶을 살아라."는 충고를 한동안 하더니 하루는 나를 식당으로 데려갔다. 그 자리에서 언니의 남자친구의 친구를 같이 만나게 되었다. 그 남자가 곧 남편이 되었다.

결혼하기까지 로맨스 좀 들려주세요.

내가 7년 만에 한국에 나갔다가 피부병 때문에 한약방에 갔더니 한약을 지어줘서 독일로 가지고 들어왔다. 이를 복용했는데 납 성분이 든 약이어서 납에 중독되어 온몸이 아프고 쓰러져 병원에 입원하게 되었다. 이때 독일의 남자친구가 병원에 찾아와서 "너 뭘 먹었느냐?"고 물어서 약을 보여줬다. 납 중독의 원인을 찾아 여기에 알맞은 치료를 하게 되었다. 당시 남자친구는 건축설계사였고, 첼로 연주 취미를 가지고 있었다. 내가 병원에 입원해 있는 동안 매일 큰 첼로를 들고 찾아와서 연주해 줬다. 연주를 할 수 없는 날에는 처다만 보고 돌아가기도 했다. 그의 정성이 외로운 내 마음을 뒤흔들어놓았다.

어느 날, 그의 수줍은 사랑 고백이 있고, 1983년 결혼하게 되었다. 여기서 남편의 사랑 고백 법에 대해서 말하고 싶다. 그이는 퍽 수줍음을 타는 편이어서 오랫동안 주위에서 맴돌았다. 가령, "내 친구 누가 결혼했다." 혹은 "우리 가구를 함께 사러 가자." 한 3개월을 그러더니 하루는 얼굴이 붉어지면서 가까스로 사랑을 고백했다.

남편 된 사람의 심정을 훤히 알고 있으면서 그의 바깥에서 구경만 하고 있었던 거네요?

그런 셈이네. 잘은 모르지만 독일 남자들의 성격이 대개 그런 것 같다.

한국남자들도 그런 순한 남자가 많습니다.

사랑 고백에 대해서는 세계 남자들의 공통점이 있네.

아까 정식 간호사가 되기 위해 학교를 다녔다고 하셨는데, 그 얘기 좀 더 들려주세요.

1982년도였던가? 32세 때쯤, 몸이 좋아지면서 간호대학에 가기로 마음먹었지. 검사실(MTA)에서 일할 수 있는 공부를 하고 싶었는데, 막상 마음을 먹고 나니 그동안 돈을 버는 대로 집에 다 보내버려서 학교에 다닐 돈이 없더군. 다행히 독일 노동청에서 주는 돈이 있어서 1984년 간호학교 3년 과정을 공부한 끝에 정식 간호사가 되어 도미니크 프랑켄하우스(Dominicus Krankenhaus)에 취업했지.

독일에 함께 온 동료 간호사 소식은 들었나요?

귀국한 사람도 있고, 결혼하여 애를 낳는 것을 무책임한 일로 여겨서 3번 결혼했다가 애 없이 헤어진 사람 소식도 들었고, 네덜란드로 가서 결혼해서 잘 산다는 소식도 들었다.

자녀는 어떻게 두셨나요?

애를 키우고 싶었는데 직장 때문에 어쩔 수 없이 좀 늦어졌다. 1985년에 딸이 태어났다. 아이를 낳으니 남편이 무척 좋아했다. 두 딸을 두게 되었다.

혹시 결혼 생활에서 갈등이나 어려움이 있었다면 어떤 것이 있었나요?

우리가 4년을 교제했지만 막상 다른 문화 환경 때문에 크고 작은 갈등이 많았다. 새 집으로 들어갔는데, 그 집은 내가 살던 문화와 다르다. 집이 바뀌기를 바랄 것이 아니라 내가 그 집 환경에 맞게 바뀌어야 한다. 나는 어려서부터 동양권에서 산 사람이라 사고 자체가 그와 이질적이었다. 내가 그를 이해시키는 것은 한계가 있었다. 그렇다면 방법은 하나, 내가 바뀌는 일이다. 그래서 스스로 바뀌지고자 많은 노력을 했다. 제아무리 문화가 달라도 사랑이 있으면 부부가 유지될 수 있었던 것 같다.

결혼하고서도 집에 송금을 계속했나요?

결혼하고 집을 구입하게 되자 전처럼 집에 돈을 보낼 수 없었다. 이제부터는 나도 나 자신을 위해서 살아야겠구나. 점차 이기적인 생각이 살아나기 시작했다. 그러나 부모를 도와주지 못하는 괴로움도 사실 적지 않았다. 월급에 손댈 수 없으니 생명보험 들었던 것을 해지해서 보내기도 했다. 이건 천사이거나 바보이거나 둘 중 하나 아닌가?

그 갈등이 오래 지속되지는 않았겠지요?

1985년도에 애를 낳고 3개월 지났을 때 한국에서 엄마가 왔다. 나는 일을 하러 나가고 8개월 머물면서 아이를 돌봐줬다. 이때 남편과 잠깐 사소한 트러블이 있었으나 남편이 워낙 사람이 좋아서 무난하게 극복할 수 있었다. 당시 엄마도 이제 딸의 돈을 더 받을 수 없다는 현실을 보고 돌아가셨을 것이다.

아이들 교육은 어땠나요?

1987년 둘째 딸아이가 태어났다. 대개 한국 여자들이 아이 양육에 억척이라는 말도 듣게 되지만, 이는 자신이 어렸을 때 교육받지 못한 한풀이 정도로 생각해도 좋을 것 같더라. 딸이 세 살이었을 때 아이를 음악과 율동의 교육장에 보내기 시작했다. 아이에게 피아노 교습을 시키면서 나도 피아노를 배우기 시작해서 약 12년 동안 함께 교습을 받았다. 딸이 유치원 갈 때가 되자 발레를 가르쳤다. 뿐만 아니라 한국 학교도 다니게 했다. 아이를 교육시키기 위해 아이들을 데리고 다니면서 나를 잃어버렸다.

그것이 한국 어머니 특유의 교육관 아닌가요?

너무 지나치다 보니 아이에게 공황장애와 알레르기 같은 것이 찾아왔다. 비로소 "자식에 얽매이지 않는 삶을 살아야 한다. 나 자신을 위한 삶이 되어야 한다."와 같이 자기 최면을 걸면서 실천했다. 아이들도 엄마의 간섭에서 벗어나자 차츰 좋아졌다.

한국 여자의 지나친 교육열이 가져온 폐해라고 보아도 되나요?

그럴지도 모르지. 예술 활동이나 춤 같은 것에 몰두하면서 나를 찾으면서 차츰 나아졌다. 한인합창단에 나가서 노래도 부르고, 베를린에 있는 한인 간호요원회 활동을 하면서 나를 찾고 자녀 교육에 집착하지 않는 삶을 살게 되었다.

지금은 고향 생각이 나지 않나요?

몸이 고향을 떠났다고 해도 고향은 늘 거기에 있지. 한국의 친구들 만나는 것 자체가 고향 생각이나 그리움에 갇히는 일 아닌가?

요즘 하시는 사회 활동은요?

합창단 단장으로 곡을 고르고, 단원들이 원만하게 또 재미있게 노래하도록 유도하는 문화전도사가 되었다. 합창단 활동은 사교에도 좋은 것 같다. 합창단에서 활동하면서 독일 외무부장관 프랑크 발터 스타인마이어를 만나기도 했고, 2014년 한국과 인도네시아 야카타 문화교류의 방문에 동행하기도 했고, 11개국 사람들이 어울려서 노래하는 자리에서 아리랑을 부를 때는 가슴이 뿌듯해지기도 했다.

현재의 삶이나 미래에 대한 희망이 있다면 들려주세요.

애 아버지는 7순인데도 아직까지 건강하게 첼리스트로 활약하고 있다. 성실하게 살아가는 모습이 너무도 보기 좋다. 애들은 다 밖에서 독립된 삶을 살아가는 중인데, 현재 생물화학 박사논문 쓰는 애가 각별히 마음에 걸린다. 하지만 이제는 아이들을 위한 삶이 아닌, 남편과 나 자신을 위해 살려고 노력하고 있다. 요즘 자식들에게도 늘 말한다. "엄마 걱정하지 마라, 너희가 행복해야 엄마도 행복한 거지."

자신만의 각별한 인생관이라면 어떤 것이 있나요?

뭐 거창하게 인생관이랄 것까지는 없고, 그저 오늘 후회하지 않는 삶, 내가 선택한 삶의 길에 만족하는 삶이다. 더 중요한 것은 "나 이만하면 잘 살아낸 것." 이라고 늘 자위하면서 살아간다. 내게 주어진 일에 정성을 다하고 후회하지 않는 삶을 사는 일이다.

사회 및 교민 활동으로 하시는 일이 있나요?

베를린 간호요원회 부회장, 한인 교회에 나가서 찬양으로 봉사하는 삶을 살고 있다. 항상 스스로에게 긍정적인 위로를 아끼지 않는다. 이만하면 되었지, 더 바라기보다 현재를 감사하게 여긴다. 이렇게 되니 남편과 자식들에 대해서도 "그 정도면 되었지." 하는 생각을 하게 되더라.

만난 사람 (23)

간호사에서 여성학을 전공하고 사회 활동으로 나선 맹렬 여성

● 김진향, 金鎭香 ● 편

한국을 좋아하는 소탈한 독일인 남편. 아래는 가족들.

= 김진향(金鎭香), 김천 약목이 고향이다. 간호사로 독일에 들어와 독한 가정을 이뤘다. 베를린 한가운데 위치한 주택인데 동네가 조용하고 쾌적했다. 두 부부가 사는 집안은 조용하기보다 활기차 보였다. =

"부부가 무척 다정해 보입니다." 필자의 말에 김진향 씨는 "이만큼도 다정하지 않은 부부가 있나요?" 소탈하게 웃으며 대답했는데, 아직 경상도 억양이 강하게 남아 있었다. 그의 남편 클라우스(Klaus Moeck) 씨도 한국말을 고스란히 알아들은 듯이 소탈하게 웃었다.

부부 금슬 좋은 무슨 비결이라도 있나요?

좋게 보아 주시니 감사합니다. 클라우스 씨는 한국을 아주 좋아한다. 나와 결혼한 뒤 1972년부터 매년 한국으로 여행가기를 원했지요. 특히 시골 낙동강 변을 좋아했다. 지금은 그런 장면을 보기 어렵겠지만 봄날 아낙네들이 머리에 수건을 쓰고 강변에 앉아 나물 캐는 모습 같은 것을 좋아했다. 내 친구들은 남편이 전생에 한국 사람이었을 거라고 할 정도였다. 사람이 조용하고 내성적이다.

한국식 표현으로, "남편 복, 수지맞았네요." 먼저, 고향과 가족을 소개해주세요.

경북 칠곡군 약목면 남계동 89번지. 7남매, 5남 2녀 중 6번째. 오빠가 넷이고 언니와 남동생이 있다. 태어난 약목은 구미와 왜관 사이에 있는 조그마한 시골 동네였다. 부잣집의 딸로 태어나 부모님과 오빠들의 사랑을 듬뿍 받아 어린 시절을 보냈다. 채식만 하고 기름 종류를 먹지 않는, 식성 까다로운 나를 두고 오빠들이 "고기 먹지 않으면 키가 크지 않는다."고 걱정을 했다. 정말 나는 우리 7남매 중 키가 제일 작다.

독일 시집살이 말씀 좀 해주세요.

남부 독일 대학가인 괴팅겐이 시집이다. 시어머님은 평생 가정주부였는데, 아들이 생소한 동양 여성을 데리고 나타났을 때 별로 반가워하시지 않는 모습이었다. 이에 비해 출판사에 다니시는 시아버님은 아주 흡족해하셨다. 화가인 시누이와 제약회사에 다니는 시누이가 있었다. 큰시누이는 유감스럽게 병으로 일찍 돌아가셨다.

시부모님은 결혼한 뒤에 우리가 직접 모신 적은 없지만 베를린에 자주 오셔서 2주쯤 머물다 가시곤 했다. 시아버님은 독일과 한국의 이중 문화를 가지고 사는 우리 생활에 대해 관심이 많으셨다. 시부모님의 생일잔치는 날씨가 좋으면 한국식으로 소고기 돼지고기로 정원에서 그릴 파티를 해드렸다. 가까운 도시 카셀 음대 성악과에 다니는 나의 조카가 참석해서 "술잔을 높이 들고" 독일 아리아로 생일 축하의 노래를 불러드리기도 했다. 시어머님이 겨울에 춥다고 손수 양말과 스웨터를 짜 주시기도 했다. 지금은 시부모님이 다 돌아가셨지만 고향을 떠나 살고 있는 나를 극진한 사랑으로 보살펴 주셨다.

독일에 들어오시기 전에 한국에서 있었던 일부터 들려주세요.

큰오빠가 영어 교사로 있던 가톨릭 계통의 왜관 순심중학교에 입학했다. 졸업 때 성적이 좋아서 학교에서 권하는 김천간호고등학교에 시험을 쳐서 합격되었다. 그 당시 나는 훗날 직업에 대하여 별로 관심을 가지지 않았다. 간호사란 직업이 내가 원하는 직업인지 생각해 보지 않고 일단 합격 되었으니 간호학교를 다니기로 했다. 원래 비위가 약한 나는 칼로 수술하는 장면이나 피 흘리는 장면을 목격할 수 없어 수술실에서 실습하는 것이 무척 힘들었다.

　1962년 2월, 간호학교 졸업할 때 수석으로 도지사상으로 손목시계를 받았는데, 졸업식에 참석한 아버님과 오빠가 자랑스러워하시던 모습이 지금도 눈에 선하다.

　졸업 후 6월에 새로 설립된 선산군 보건소에 간호사로 근무하다가 그곳에서 영주초등학교 양호 교사로 근무처를 옮겼다. 대학교에서 공부를 더할 계획으로 1964년 대구 한독병원인 파티마 병원 소아과로 직장을 옮겼고, 당시 청구대학교 가정과에 입학했다. 힘들었지만 야간과 주간으로 병원과 학교를 오가며 나와 같은 직업여성들과 서클도 만들고 즐거운 시간을 보내기도 했다.

독일에는 어떻게 들어오시게 되었나요?

　당시 나는 파독 간호사로 해외로 나갈 수 있는 절호의 기회라고 생각했기 때문에 병원과 학교도 그만두고 출국 절차에 정신이 없었다. 부모와 의논도 하지 않고 혼자 독일 행을 결심했는데, 나중에 아신 부모님이 몹시 서운해하셨다. 나는 독일에 3년만 있다가 다시 돌아오겠다는 약속으로 섭섭해하시는 부모님을 달래 주었다. 학창시절 역사에서 배웠던 로마의 바티칸 궁전, 파리의 센 강, 독일의 로렐라이 언덕 등은 내가 꼭 가보고 싶은 곳이었다.

독일은 언제 들어오셨나요?

　1966년 10월 15일, 독일 베를린에 도착했다. 들어와 보니 독일 베를린도 우리나라와 같이 동서독으로 분단된 나라로, 베를린으로 오게 된 것이 겁나고 불안하기도 했다. 베를린에 도착한 120명 중에 간호원 4명과 간호조무사 5명, 9명이 노이쾰른 병원에 배치되었다.

괴테 독일어 언어연수학교에서 3개월 연수과정을 마치고 나는 내과 남자병동에 배치되었다. 병동에서는 어려운 내 이름 대신 성을 따서 킴센(Kim schön)이라 불렀다. 언어불통으로 초창기에 매우 힘들었다. 독한사전을 주머니에 넣고 다니며 공부를 했다. 다행히 병동 수간호원과 간호원들, 의사들이 나를 이해하려고 노력하고 친절해서 잘 견뎌낼 수 있었다. 나는 초창기에 간호원장의 신임을 받아서 한국에서 새로 들어오는 간호사들을 공항에서 병원까지 안내하는 일을 맡았고, 한국 간호사들과 병원 사이에서 연락하는 일을 맡게 되었다.

간호사로 생활하면서 어려운 일이라면 어떤 것이었나요?

제일 어려운 것은 언어불통이었다. 문화와 생활이 다른 독일에서 3개월의 독일어 연수만으로는 별 도움이 되지 않았다. 독일에 온 한국 간호사들이 초창기에 겪게 되는 공통된 어려움이었다. 특히 내게 어려웠던 것은 식생활이었다. 밥 대신 빵과 소시지 등 기름기 많은 고기 음식이 많아 채식주의자인 나에게는 힘든 날들이었다.

간호사 생활에서 어려웠던 점은요?

30여 명의 환자가 있는 내과 병동에서 근무를 시작한 지 4주 뒤에 혼자 야근을 하라고 했을 때는 하늘이 무너지는 것 같았다. 손과 발을 써서 혼자 할 수 없다고 전했지만 어쩔 수 없이 해야 했다. 한독사전을 주머니에 넣고 다니며 행여 밤에 환자가 죽으면 어쩌나 걱정을 했다. 새벽이 오기만 기다렸고, 무사히 첫 야근을 잘 치러냈다. 그 뒤부터 자신이 생겼다. 동료들로부터도 신임을 받게 되었고, 알아들을 수 없는 말은 눈웃음으로 대답했다. 육체적으로 힘들지 않는 안과 병동으로 옮겨 근무하다가 1971년 5월 결혼 후 아파트에서 가까운 곳으로 병원을 옮겼다.

반려자 클라우스는 어떻게 만나셨나요?

1966년 10월, 함께 베를린에 도착하여 가까운 병원에서 일하는 친구 미스 리가 사귀고 있는 독일 남자친구가 있었다. 남자친구 에버하트가 나를 비어 축제에 초대했다. 에버하트는 한국 여성들을 많이 봤지만 대부분 다리가 O형인데 비해 내 다리는 멋진 일자로 생겼다고 칭찬해 주었다. 얼마 뒤에 에버하트가 신문사에서 일하고 있는 친구 클라우스를 내게 소개해 주었다. 나는 처음에는 좀 망설였지만 차분하고 조용한 그가 차츰 마음에 스며들었다. 당시 나는 병원에서 가까운 새로 지은 간호사 기숙사에 살고 있었다.

남자친구와의 사랑 이야기 좀 더 들려주세요.

외국에서 외롭게 살게 되어서 그런지 생각보다 빨리 정을 주게 되었고, 점차 사랑이 싹트면서 가슴 한구석에 근심이 다가왔다. 부모님에게 3년 뒤에 다시 돌아간다고 약속했고, 당시 한국 여자가 외국 남자와 결혼하는 사례는 드문 일이어서 부모님에게 결혼 승낙을 받아야 하는 일은 너무도 당연한 일이라 생각했다. 당시 난감한 일이 생겼다.

독일 가정의 식구들과 자동차로 동독을 통과하여 하노버로 주말여행을 간 적이 있었다. 그때 베를린에서 하노버까지 고속도로를 지나 동독과 서독의 경계를 통과할 때 나의 여권에 공산국가인 동독 도장이 찍혔다. 분명히 내 여권에 "당신은 공산주의 국가를 통과할 수 없다."고 적혀 있었다. 결국 이것이 문제가 되어 한국에 귀국했을 때 김포공항에서 여권을 압수당했다. 3일 뒤에 외무부에 들어와서 여권을 찾아가라고 했는데, 간단한 문제가 아니었다. 외무부에 들어가서 동독과 서독의 지리적인 상황을 설명했지만 귀담아 들으려 하지 않았다. 여권을 돌려받지 못하고 돌아서야 했다. 결국 3일 뒤 둘째 오빠의 노력으로 여권을 돌려받을 수 있었다. 독일 친구와의 결혼 문제도 오빠들의 이해로 부모님을 설득해서 허락을 받을 수 있었다. "향이는 지금까지 제 앞길을 스스로 잘 해결해 왔기 때문에 결혼 문제도 본인의 선택에 맡긴다."라고 하셨다. 그렇지만 부모님에게 독일에 3년만 있다 돌아온다는 약속을 지키지 못하게 되었으니 미안했다.

독일의 결혼식은 어떻게 치렀나요?

1970년 가을, 간호원장 병동 수간호사와 동료들이 주선하여 병원 식당 건물에서 약혼식을 했고, 이듬해 1971년 5월 21일, 한국 성당에서 한국 신부님과 수녀님의 주선으로 결혼식을 올렸다. 부모, 형제들이 결혼식에 참석할 수 없어 서운한 마음을 말로 표현할 수 없었다. 요즈음 같으면 비행기로 쉽게 오갈 수 있지만 그 당시는 상상도 할 수 없는 일이었다. 괴팅겐에 사는 시댁 식구와 병원의 독일 친구들과 한국 친구들의 축복으로 결혼식을 치렀다. 신혼여행은 평소에 가고 싶었던 이탈리아 베니스로 떠났다.

남편이 한국에 처음 들어간 때는 언제였나요?

결혼 일 년 뒤인 1972년 가을, 남편과 4주 휴가를 얻어 한국을 방문했다. 남편 클라우스 씨는 나를 알고부터 한국의 역사, 문화, 지리에 호기심을 가지고 열심히 공부를 했다. 한국에 체류하는 4주 동안 부모님 집에서 함께 지내면서 친척집도 많이 방문했다. 모두 클라우스 씨가 마음에 든다고 하면서 남편에 대한 반응이 아주 좋았다. 아쉬운 것은 언어가 통하지 않아 대화를 나눌 수 없어 너무 안타까워했다. 형제들과는 영어로 대화를 나눌 수 있었지만, 아버지 어머니와는 눈인사만 해야 했다. 한국 여행에서 돌아와 베를린 자유대학 한국어과에서 한국 교수님에게 일 년간 수업도 받았지만 문법 위주로 가르쳐서 대화에는 별로 진전이 없었다. 숙제는 항상 많았는데, 혼자 할 수 없어 내가 많이 도와주기도 했다.

클라우스가 주로 한국 어디를 호감 있어 하시던가요?

남편은 여행 준비로 안내 책자를 주문해서 가보고 싶은 곳을 일일이 검색해 두었다. 특히 불교에 대한 호기심이 많아서 오래된 사찰에 관심을 가졌다. 경주 불국사, 직지사, 범어사, 통도사 등 많은 절을 찾아다녔다. 서구와 달라서 신비한 한국의 기와집, 서구와 다른 건축양식에 대해 많은 관심을 가졌다. 설악산, 지리산 등 아름다운 산천도 좋아했다. 특히 해인사 팔만대장경 앞에서 감탄했다. 한국에 있는 동안 매일 고적과 산천을 찾아다녔다. 식생활은 큰 어려움이 없었지만 무릎을 꿇고 방바닥에 앉는 것은 고역으로 여겼다.

간호사 생활을 정리해주세요.

1972년, 첫 아이 임신 기간에 육체적으로 힘들지 않은, 일이 쉬운 큰 공장의 '기업 전속 간호사'로 자리를 옮겼다. 버스 엘리베이터, 포클레인을 만드는 철공회사였는데, 공장에는 터키인이 50% 이상 근무하고 있었다. 전문 직업인이 아니기 때문에 이들에게 사고가 많았다. 여자 보조원과 남자 보조원과 함께 근무를 했는데 공장에서 일을 하다 생긴 사고는 특별 보험에서 책임지기 때문에 사고 경과에 대해 작성하여 보고해야 되는데, 이 기간에 독일어 공부를 할 수 있는 좋은 기회가 되었다. 그렇지만 첫아이를 분만하고 나서 일을 그만뒀다. 둘째 아들이 3살이 되던 1979년부터 다시 시립병원에서 주 20시간 간호사로 일을 시작했다. 1989년 독일이 통일되고 나서 동독 병원을 살리느라 우리 병원이 문을 닫게 되어 좋은 기회라 생각하고 2002년에 병원 일을 그만뒀다.

독일은 노동자에 대한 처우랄지 복지 제도는 선진국이라고 듣고 있는데, 좀 들려주세요.

1973년 9월, 첫 아들을 출산했는데, 산전 6주 산후 8주 모두 14주 월급이 지불되는 휴가를 받았다. 또 원하면 일 년 아이 양육 휴가를 받을 수 있다. 건강이 좋지 않으면 3일간은 의사의 진단서 없이 집에서 쉴 수 있다. 의사의 진단서로 4주간 월급을 계속 받을 수 있고, 그 이후는 진단서에 따라 월급의 금액이 달라진다. 아기 양육 기간으로 일 년까지 직장을 보존하게 해준다. 또한 상황에 따라 시간제로 20시간이나 30시간 근무하는 것이 가능하다.

아들 얀 (JAN)이 한 살 되던 해부터 일주일에 20시간씩 다시 근무를 시작했고, 1976년 둘째 아들 요나서(JONAS)가 태어나고 일 년 뒤부터 다시 직장에 나가기 시작했다.

사회운동도 많이 하신 것으로 소개를 받았는데, 말씀해주세요.

남편 친구의 부인을 통해서 베를린에 한국 여성들의 모임이 있다는 것을 듣고 나에게 권했다 "서로 돕는 한국여성 모임"은 파독간호사 등 이주민 여성단체로 구성이 되어 있는데, 조국을 떠나 외국에 사는 여성의 공통적인 문제점들을 다루었다. 여성해방이론 학습이라든지 우리 스스로의 실천 방안을 모색하고 조국의 정치 상황에 대해 토론하고 <50년대의 인식> 등 책을 구해 공부하고, 한 달에 한 번씩 만나서 토론을 했다. 나 스스로 사회 현실을 바로 보는 안목을 가지게 되면서 정치 의식이 생겨나고, 비로소 나도 남편이 가진 사회적인 안목을 이해하게 되었다. 1976년, 서로 돕는 여성 모임의 회원이 되면서 1977년에는 여성 회원들과 "체류 문제 및 강제 귀국" 처사에 반대하는 서명운동에 동참했다.

학교는 어떤 계기로 가시게 되었나요?

1966년, 갑자기 독일로 오게 되어 6개월 뒤면 대학교를 졸업하게 되는데 서둘러 온 것이 후회되어 다시 공부를 시작하고 싶었다. 앞에서 말했던 대로, 독일 통일 후 재정 관계로 우리 병원이 문을 닫고 다른 병원으로 옮겨야 할 상황이어서 간호사 직업을 그만두기로 했다. 마침 여성운동에 많은 관심을 가지고 있던 중 함부르크 대학에서 3년

간 여성학을 전공할 기회가 주어졌다. 함부르크 친구의 안내로 그와 함께 대학에 다녔는데, 친구의 도움을 많이 받았다. 학생들은 대부분 직업여성들로, 학문의 차원을 넘어 그들과 여성의 지위와 가치관에 대해 서로 허심탄회하게 문제점들을 토론할 수 있었다.

사회운동에 대해 남편은 어떤 입장이셨나요?

독일의 68세대에 속하는 남편은 한국 정치 문제를 자주 언급하면서, 군사 독재 정권과 유신 체제에 대한 비판을 많이 했다. 결혼하고 이듬해인 1972년 10월에 처음 한국에 들어갔을 때 유신체제 시기의 정치 상황을 직접 체험할 수 있었다. 내가 사회운동에 눈을 뜨고 집을 비우는 시간이 많아졌고, 세미나에 참석하기 위해 집을 떠나야 할 때는 남편이 내 일까지 맡아서 해줬다.

사회운동과 관련해서는 남편이 스승인 셈이네요?

남편은 정치의식이 전혀 없는 나를 일깨워 줬다. 유신 체제 시절에 베를린 한국 유학생들과 독일인들이 모여서 한국 문제에 대해 토론하는 모임인 '코리아코미테'라는 단체를 꾸렸고, 남편도 관심을 가지고 참여하기 시작했다. 남편이 신문사 일을 그만두고 1976년에 친구 세 사람과 그래픽 디자인 회사를 경영했는데, 우리들의 행사 때 안내 포스터나 독일어 프로그램을 만들어 주는 등 적극적으로 많은 도움을 주었다. 특히 1986년경에 베를린에서 사단법인 <한독문화협회>가 창립되고 한독 부부들의 활동이 많아지면서 한국을 알리는 문화 행사도 많이 열렸다. 이때 남편도 함께 활동했다.

통일운동에 대해서 말씀해주세요.

1989년 11월 9일, 동서독을 가로막고 있던 장벽이 무너지던 날, 동독 사람들이 함성을 울리며 브란덴부르크 문을 통과해 서베를린으로 물결처럼 몰려오던 그 감격스러운 장면은 지금도 잊을 수가 없다. 망치로 분단의 벽을 부수는 장면을 지켜보면서, "우리 조국도 머지않은 날 남과 북이 하나가 되겠지." 하고 생각했다. 이튿날 재독한국여성모임 회원들과 통일을 갈망하는 우리 동지들이 모여서 무너뜨린 장벽으로 향했다. <조국은 하나다> <국보법 철폐> 등 플래카드를 들고 북과 장구를 치면서 "조국은 하나다!"를 목청껏 외쳤다.

이듬해 1990년 남북 해외 삼자 연대 통일 조직인 '조국통일 범민족 연합' 유럽 지역 본부에서 통일운동을 시작했으며, 2000년 고 김대중 대통령과 고 김정일 국방위원장의 56년만의 정상 상봉을 계기로 남, 북, 해외 삼자 연대의 6.15민족공동위원회가 탄생했고, 유럽 지역에서도 통일운동의 이정표로 6.15유럽지역위원회를 조직했으며, 나도 그 운동에 동참했다.

사회 참여운동 중에서 기억나는 것들이 있다면 들려주세요.

1977년부터 25년간 여성 모임의 회원으로 있으면서 사회 참여운동이 단체 차원에서 많이 이뤄졌다. 동일방직 여성 노동자들과의 연대 운동이나 독일의 아들러 봉제기업을 모기업으로 하는 이리 후레아 패션 여성 노동자들이 연대를 요구해 왔을 때 독일 여성단체 대표와 스위스 아들러 회사를 찾아가서 항의함으로써 좋은 결과를 얻었다.

1990연대에 한국에서 유명한 사물놀이 전문가로부터 탈춤 등 한국의 민중문화를 뒤늦게나마 배울 수 있는 기회를 가졌고, 크리스마스나 축제 때 여성 회원들이 풍물이며 탈춤으로 우리 고유문화를 소개할 수 있는 장을 만들기도 했다. 또한 한국 동일방직 여성 노동자들의 삶을 그린 <공장의 불빛> 연극에 여공으로 출연해 함께 연극을 할 수 있어 감회가 깊다.

위안부 문제에 대한 구체적인 활동 좀 소개해 주세요.

사회참여 활동 중 가장 의미 있는 일로 '일본군 위안부' 문제 해결을 위한 국제연대운동을 들 수 있다. 1991년, 3명의 일본군 위안부 할머니들이 50년의 침묵을 깨고 일본 정부를 상대로 소송을 제기했을 때, 재독한국여성모임은 한국의 정대협과 연대하여 일제의 만행과 일본군 위안부 문제를 독일 사회에 알리고, 위안부 할머니들의 요구 사항을 관철시키기 위해 노력했다. 베를린 소재 일본 여성회와 한국교회단체, 진보적인 독일 여성단체들이 연대하여 아세아태평양 전쟁 당시의 만행을 세계에 알려왔고, 재독한국여성모임에서는 독일 여성재단에 경제적 후원을 요청하여 정대협에서 출판된 <일본군 위안부 할머니들의 증언집>을 독일어로 번역하여 출판하는 데 많은 힘을 기울였다. 이 증언집이 독일에서 우리들의 홍보 활동에 많은 도움을 주었다.

말씀 중에 나온 베를린 소재 일본 여성회에 대해 궁금한데요, 이들과의 연대 활동에 대해 소개해주세요.

1987년, 베를린 소재 일본 여성회와 함께 제주도 기생관광 문제에 대해 공동세미나를 개최했다. 이를 계기로 베를린 일본 여성회와 지금까지 '일본군 위안부' 문제 해결을 위하여 가해자의 딸들과 피해자의 딸들이 함께 연대하여 운동을 하고 있다. 2008년에 코리아협의회에 '일본군 위안부 대책위원회'가 생긴 이후 매년 베를린 일본대사관 앞에서, 8월 15일 통일의 광장 브란덴부르크 문 앞에서 베를린 일본 여성회와 타 단체들과 위안부 문제 해결을 위한 시위나 데모 행사가 열린다.

위안부 문제에 대한 구체적인 활동을 들려주세요.

처음 '일본군 위안부' 할머니들의 증언을 듣고 베를린으로 돌아와, 회원으로 있던 "재독한국여성모임"에서 <국제연대소위원회>를 만들어 베를린 일본 여성회와 함께 독일에 홍보 활동을 시작했다.

홍보 활동은 1991년 김학순 할머니가 50년의 침묵을 깨고 증언했을 때부터 시작됐지만 직접 할머님들의 증언은 이때 처음으로 들을 수 있었다. 1993년에는 남과 북에 필리핀, 네덜란드에 생존해 계시는 위안부 할머니들을 초대하여 '전쟁과 강간'이라는 제목으로 국제회의를 개최했다. 최근까지 코리아 협의회, 독일 평화포럼, 동아시아 선교회, 베를린 일본 여성회 등의 단체가 연대하여 위안부 할머니들을 독일에 초청하여 각 도시를 순회하며 증언회를 열거나, 매년 베를린의 브란덴부르크 문 앞에서 항의 시위를 하고 있다. 그동안 수많은 단체와 개인의 노력에도 불구하고 2015년 한일 간에 이루어진 일본군 위안부 문제에 대한 12.28 합의 사항에는 위안부 당사자들의 요구 사항이 포함되지 않았다. 일본군 위안부 문제는 일본 제국주의가 전쟁을 하는 동안 국가가 개입하여 여성에게 가한 조직적인 폭력 범죄다.

현재 이 시간에도 전 세계 곳곳에서 여성에 대한 폭력이 묵인되거나 공공연히 자행되고 있다. 안타까운 현실이다.

각별하게 기억나는 활동이라면 어떤 것이 있을까요?

독일은 이주민들이 많고, 몇 년 전부터는 전쟁 피난민들이 많이 몰려왔다. 세계 여러 나라 사람들이 어울려 살고 있다. 나름대로 평화 운동, 전쟁 반대 운동, 인종 차별 문제, 성폭력 반대 운동 등 이루 말할 수 없이 많은 운동들이 일어나기도 했고, 데모 활동도 많았다.

3년 전 한국에서 세월호 침몰 사고로 수많은 학생들이 죽어야만 했다. 브란덴부르크 파리자 광장에서 세월호 희생자들을 기억하는 추모 행사나 백남기 님의 억울한 죽음도 항상 추모해오고 있다.

독일에서 무슨 공부를 하셨나요?

여성운동에 많은 관심을 가지고 있던 중 함부르크 대학에서 3년간 여성학을 전공할 기회가 주어졌다. 함부르크 친구의 도움으로 그와 함께 대학에 다녔는데, 많은 도움을 많이 받았다. 학생들은 대부분 직업여성들로 학문의 차원을 넘어 그들과 여성의 지위와 가치관에 대하여 서로 털어놓고 문제점들을 이야기할 수 있었다. 나에게 여성으로서 좋은 인생 공부가 되었다

공부는 왜 하고 싶었나요?

학문에서만의 차원을 넘어 여성의 지위와 가치관에 대하여 배우고 다른 여성들과 의견을 나누고 싶었다. 독일은 늦게라도 다시 대학생

으로 공부할 수 있는 여러 가지 좋은 조건이 부여된다. 나는 3년 동안 학비를 낼 필요 없었고, 매년 약 200유로씩 학교 사무실 비용으로 지불했다. 물론 요즈음은 상황이 많이 달라졌을 것이다. 졸업 논문은 「전쟁과 여성에 대한 성폭력」 – 일본군 위안부 문제를 중심으로 써 냈다.

김진향 사회 활동 연표

1966년 10월 15일 간호사로 파독
1976년 베를린 서로돕는한국여성회 회원
1977년 한국 간호사 강제추방 반대 운동 참여
1978년 재독한국여성모임 회원
1985년 한독문화협회 창립 회원
1986년 재유럽 민족민주운동협의회 창립 회원, 한독 문화협회 창립 회원
1985년-86년, 2000년-2001년 재독한국여성모임 총무
2001년-현재, 한민족유럽연대 회원
2003년 세계 한민족여성네트워크 독일 지역 창립 멤버
2004년-2007년 코리아협의회 이사
2005년- 2009년 세계한민족여성네트워크 독일 지역 담당관
2008년-현재, 코리아협의회 <일본군 위안부 문제 대책위원회>
2013년-현재, 6.15 유럽 지역 위원회 공동대표
2017년-현재, 북유럽협의회민주평화통일자문위원(베를린지회)

만난 사람 (24)

광부에서 독일의 요리사가 되어 의료 가문을 이뤘다

● 한상모, 韓相模 ● 편

= 얼른 보기에 작고 왜소해 보이는 한상모 씨를 베를린 자신의 별장에서 만났다. 여기서 별장이란 정원이 딸린 텃밭에, 잠시 머물다 가는 간이 주택을 말한다. 8월의 뜨거운 태양 아래 야채가 싱싱하게 자라고 있었다. 그 야채는 모두 한국인의 밥상에 오르는 상추, 부추, 쑥갓, 미나리, 돌나물 등이었다. =

자기소개를 대신하여 자신이 요리사로 출연한 방송 영상물을 준비해둬서 먼저 감상했다. 파독 광부의 모습은 어디에도 없고, 흰 모자를 쓴 양요리사의 낯선 모습이 화면에 흐르고 있었다. 금방 대한 초로(初老)의 한상모 씨와도 전혀 다른 인물처럼 느껴졌다. 열정적이던 젊은 나날의 시간을 넘어 이렇게 존재한다는 뜻일 게다.

먼저 태어난 곳부터 말씀해 주세요.

1949년 광주시에서 태어났다. 잘 아는 것처럼 이듬해인 1950년에 6.25 전쟁이 일어났다. 이때 아버지가 인민위원회에 붙잡혀 간 뒤 생사를 모른다. 외가가 진도인데, 외가의 누군가가 인민위원회 위원장 집안이었다고 했다. 어머니는 진도에서 자라 20세에 혼자되어 평생토록 아버지에 대한 기다림으로 세상을 사시다가 1993년도에 돌아가셨다. 당시에 나는 레스토랑 요리사로 있을 때였는데, 내가 자리를 비우면 식당 문을 닫아야 할 처지가 되어 장례를 치른 지 3년이 지나고서야 들어가 참배를 했다. 여기서 살다 보면 기본적인 효자도 될 수 없나 보다.

한국에 남은 가족은 누가 어디에 계십니까?

누님은 돌아가셨고, 진도에 남동생이 있고, 해남에 형님이 사신다.

독일에 온 동기에 대해 들려주세요.

1976년 3월 15일에 해외개발공사에서 치른 파독 광부 선발시험에 합격하여 독일에 들어왔다.

시험이요? 어떤 내용으로 시험을 치렀던가요?

잘 기억이 나지 않지만, 노동 능력의 유무 정도와 영어를 몇 마디 묻고 답하는 형식이었던 것 같다. 그렇지만 신체검사를 50여 명이 했는데 최종으로 7명이 합격했으니 아무나 되는 것도 아니었던 것 같다. 당시에는 건강이 중심이었던 것 같은데, 키는 160cm 이상, 몸무게 58Kg 이상이었던 것 같다. 당시는 요즘처럼 비만인 사람이 많지 않아서 오히려 너무 마른 사람을 뽑지 않았다. 어쨌거나 50여 명 중 5명이 합격하고 재검 대상자 2명을 추가로 선발했다. 키 때문에 탈락했다가 정밀검사를 해보더니 이상 없다고 했고, 또 한 명은 위가 팽창해서 잡음이 났으나 다시 검사해보니 별 이상이 없다고 판단해서 합격했다.

합격한 뒤에 독일에 바로 들어왔나요?

아니다. 합격하여 교육에 들어갔는데, 갑자기 중간에 교육이 중단되었다. 이렇게 되자 이유를 모른 채 어중되게 실업자 신세로 2년을 전전해야 했다. 독일 정부에서 통보가 올 때까지 기다려야 한다는 것이다. 이 2년 동안에 안 해본 것 없이 여러 일자리를 전전했다. 막일에, 족자를 팔러 다니고, 돈벌이가 되는 일이라면 다하고 다녔다. 당시에는 결혼을 했기 때문에 처가 평택에 들어가서 살았다. 나는 농사일도 거들어주면서 노동을 해야 했다.

그렇게 되면 포기하는 사람도 있었을 텐데요?

포기한 사람은 없었던 것 같다. 1975년 말쯤에 독일에서 연락이 와서 파독을 위한 교육이 재개되었다. 광산 일을 할 수 있는지 판단해야 하기 때문에 광산을 견학했고, 독일어 기초 교육도 받았다. 현지에서 의사소통할 정도의 독일어 교육을 한 3개월 정도 받았다.

독일에는 언제 들어오셨나요?

1976년 1월에 교육과정이 끝났고, 3개월 뒤인 5월에 독일 쾰른 공항에 도착했다. 당시 광부 교육을 받은 인원은 100여 명이었지만 1차로 46명이 오버하우젠 오스타펠 광산에 투입되었다. 나중에 알았지만 나머지 인원은 2, 3개월 뒤에 독일로 들어왔다.

광산 일이 벅차지 않던가요?

나는 한국에 있을 때부터 고생을 많이 했기 때문에 그런대로 육체노동을 감당할 만큼 몸이 단련되어 있었다. 당시 나는 오직 가족을 위해 돈을 벌어야 한다는 생각뿐이었다. 첫 봉급을 받고 방세와 조금의 생활비를 빼고 전액을 송금했는데, 당시 그 금액은 공무원 6개월 정도의 월급에 해당했다.

당시는 기혼자와 미혼자의 월급 차이가 있었다고 하던데요.

그랬다. 나는 결혼해서 처와 자식 3명이 있어서 다른 노동자들보다 더 많은 돈을 받았다. 그중에서도 어떤 일을 하느냐에 따라 급여 차이가 더 났는데, 나는 체구가 좀 왜소한 편에 속하여 비교적 쉬운 일을 시켰다. 그러나 나는 돈을 벌어야 했기 때문에 "내게 어려운 일을 달라. 얼마든지 감당해낼 수 있다."고 독일 감독자에게 건의를 했다. 당시 나는 그만큼 돈벌이에 집착했다는 뜻이다. 뜻한 대로 막장에 투입되어 돈을 더 많이 벌게 되었다. 일을 주로 밤에만 했는데, 탄을 다 캔 뒤에 정비반에 들어가 일을 했다.

한국의 막장 환경과 비슷하던가요?

아니다. 당시 독일 광산은 훨씬 선진화되어 있었다. 어느 정도는 기계화가 되어 있어서 사람은 보조 역할을 한다고 볼 수 있었다. 내가 아는 한 당시는 독일 사람들은 능력에 따라 일을 시키려고 애쓰는 것 같았다. 절대로 위험이 따르면 무리하게 일을 시키지 않았다.

주로 하셨던 일에 대해서 말씀해 주시지요.

막장에서 탄을 캘 때, 먼저 기계가 밀고 들어가는데, 나는 천장을 받치고 있는 석탄층이 남아 있을 때 아래로 떨어뜨려주는 일을 맡았다. 갑자기 천장이 크게 무너지면서 들어갔던 기계가 내 몸을 엎치면서 그만 혼절하고 말았다.

대형사고 아닌가요?

대형 사고에 속하는데 다행히 사고 규모에 비해 중상은 아니어서 1개월 정도 치료를 마치고 일을 다시 시작했다. 몸이 아파서 병원에 입원을 해도 급여가 나왔기 때문에 얼마든지 쉴 수도 있었겠지만, 나는 한국에 가능한 많은 돈을 송금해야 했기 때문에 일을 자청하고 나섰다. 이러다 보니 내가 일을 잘한다는 소문이 났다. 의사들이 노동자 편에서 몸이 좋지 않다고 말하면 진단서를 발급해주는 경우도 많았지만, 나는 아프다고 드러눕기보다 일에 열정을 쏟으니 금전적으로 돌아오는 것이 더 많았다. 당시에 노동자의 휴가가 1년에 한 달 정도 부여되었지만 나는 쉬지 않았다. 악착같이 돈을 모아 송금하고 2년이 지났을 때 아내가 서울에다 집을 샀다고 알려왔다. 이제는 살 집이 마련되었으니, 다음 목표는 사업을 할 돈을 벌겠다고 작정했다.

사업은 독일, 아니면 한국에서요?

우리가 3년을 계약하고 독일에 들어왔지만 노동의 기간을 연장하는 사람이 많았다. 한국으로 귀국해야 할 날짜를 5개월 정도 남겨둔 1978년 11월쯤에 귀국하기 전 휴가를 이용해서 베를린 식당으로 들어가서 접시 닦는 일을 했다. 주인이 요리사였고, 가족이 서빙을 하는 식당이었다. 2개월 정도 일을 했는데 주인이 나를 잘 보았던지 "같이 일할 생각이 없느냐?"고 물었다. 당시 나는 3년 노동기간 1개월 정도를 남겨 놓고 있었기 때문에 곧 귀국해야 하는 계약 상황을 설명 했다. 그랬더니 주인이 "네가 독일에 더 머물고 싶다면 그건 걱정하지마라."고 하면서 체류 허가를 연장시켜준다고 했다.

식당 주인이 체류 허가를 해줄 수 있었나요?

당시 주인이 노동자로 채용하면 노동 허가를 내줬다. 나는 주인의 말을 믿고 광산에 사표를 내고 레스토랑으로 들어갔다. 약 2개월 정도 지났는데, 주인의 말대로 체류 허가가 나와 고용되었다.

정식 체류 허가가 난 셈이군요.

1979에 취업이 되었다. 방송에서 레스토랑 주인을 찾아와 인터뷰를 할 때 함께 방송에도 출연했다. 1년 가까이 일을 했을 때 요리사인 주인이 새 요리사를 데려와 일을 시켰다. 새로운 요리사에게 일을 넘겼을 때 주인이 나를 따로 부르더니 "저 요리사가 언제 떠날지 모르니 네가 요리를 잘 배워둬라."고 했다. 그때부터 요리를 어깨 너머로 배우게 되었다. 주인의 예측대로 1년 정도 되었을 때 요리사가 떠났다. 나는 바로 바톤을 이어 그 레스토랑의 요리사가 되었고, 그 뒤로 25년간 일하게 되었다.

요리사로 계신 동안 매우 특징적인 일을 하셨던 것 같은데, 소개해 주세요.

한마디로 독일 식당 요리사지만 한국적인 양념이 개입된 요리사였다. 그래서 한국인들의 입맛과 독일인들의 입맛을 동기에 충족시켜줄 수 있었다는 점이 특징이었다. 내가 있는 동안 그 식당에는 항상 손님이 넘쳐났으니까.

결국 한국인의 요리와 독일인의 요리가 융복합된 요리를 만드는 요리사로 성공했다는 뜻이군요.

뭐 성공이라면 성공이랄 수도 있겠지.

가족은 언제 들어와 합류했습니까?

집사람은 1987년에 독일에 들어왔고, 애들은 외가에서 생활하다가 이듬해인 1988년도에 들어와서 비로소 온 가족이 합류했다.

시일을 두고 들어온 사정이 있습니까?
특별한 사정이 있었던 것은 아니고, 아무래도 독일에 집도 장만해야 했고, 평택에 3천 평 정도 땅도 사놓고, 애들의 교육비가 들어갈 그 무렵에 아이들이 독일에 들어오게 된 것이다. 요리사가 되자 정기 휴가도 낼 수 있어서 여름에는 1달 반 정도는 식당 문을 닫고 한국에 들어가 아이들 장래 문제도 진지하게 상의하게 되었다.

아이들의 처음 들어왔을 때 언어 습득에 문제가 없었나요?
큰딸이 1972년생이니 15세 정도였는데, 좀은 문제가 있었다. 그 아래로 10살 5살이었으니 나이가 어릴수록 언어 습득 문제가 덜했지.

언어 습득의 문제에 대해 말씀해주세요.
큰애가 한국에서 6학년 졸업하고 왔는데, 독일의 7학년에 입학을 시켰다. 그런데 하루는 담임 선생님이 나를 보자고 했다. 찾아갔더니 "당신 아이가 바보는 아닌 것 같은데, 말을 해도 아무런 대꾸가 없어서 처음에는 나를 무시하는 것인지, 바보인지 의아했으나 독일어를 모른다는 사실을 뒤에 알았다. 내가 큰 실수를 했다." 담임 선생님이 이렇게 사과를 한 뒤에 "내가 당신의 아이들을 위해 관할 교육청에 도움을 신청하여 아이들에게 독일어를 가르칠 수 있는 개인 교사를 신청해서 집으로 보내주겠다," 는 제안을 해왔다. 독일인들은 아이들 교육을 위해 이토록 배려를 해줬다. 서류에 사인을 하면서 보니 우리 아이들 독일어 교육을 위해 보조해주는 돈이 공무원 한 달 봉급 정도 되었다. 이를 3년 동안이나 지원해줘서 아이들이 무난히 독일 사회에 적응할 수 있게 되었다.

말 나온 김에, 자녀들 교육에 대해 더 말씀해주세요.
아이들이 독일어를 잘 배워서 10학년 마치고 11학년에서 대학을 가거나 직업학교를 무난히 가게 되었다. 큰아들은 임상병리학 3년을 다녀서 병원에 취직하더니 다시 치의대를 들어가 치과의사가 되었다. 지금은 개업해서 개인병원을 운영하고 있다. 딸도 레스토랑을 운영하고 있고, 막내는 광고디자인을 하는 직장에서 자기 밥벌이하고 산다.

말하자면 1.5세가 되는 셈인데, 언어를 포함하여 교육을 문제없이 잘 해결해내셨군요.
아이들은 문제가 없지만 나나 집사람은 아무래도 언어 때문에 독일 사회에 적응하기에 어려움이 있었다. 내가 저녁에 레스토랑에서 일을 하기 때문에 아내도 함께 일하게 되었다. 독일에서 의대생에게는 교육비가 많이 들어간다. 공부할 때 모든 재료비를 본인이 부담하기 때문에 돈이 많이 들어갔다.

독일 요리사로 언제까지 일하셨나요?
나이가 드니 어느 날부터 일하기가 싫어지더라. 주인이 몇 해 일을 더 해줬으면 했지만, 나는 그만두는 데 과감했다.

지금, 한 선생님이나 애들의 한국에 대한 정서는 어떻습니까?

애들은 잘 모르겠고, 솔직히 나는 한국에 들어가고 싶지 않다. 앞에서 농사를 짓기 위해 땅을 좀 사뒀다고 했는데, 지금은 걱정이다. 지금 이렇게 정원 한 귀퉁이에 짓는 야채 농사도 무척 일거리가 많은데 농사 지을 엄두가 나지 않기 때문이다.

이제는 한국에 들어가고 싶지 않다는 말이 더 정확하네요.

그렇다.

듣고 보니 정말 성공적인 삶을 사셨네요. 제 자신의 삶에 대해 한 말씀 해주세요.

나는 내 목적을 달성했다고 본다. 작고 왜소한 체격으로 광부로 덤벼들어 일을 해냈고, 레스토랑을 운영하면서 돈을 벌어서 애들 교육도 시키고, 집과 땅을 샀으며, 중간에 데려온 온 자식농사까지 잘 지었으니 어떤 후회도 없다.

요즘 어떻게 지내시며, 앞으로의 계획이라면 어떤 것입니까?

현재 생활에 만족하면서 살고 싶다. 돈도 써본 사람들이나 쓰는 것이지. 버는 것은 알아도 돈 쓰는 것은 잘 모른다. 그냥 이렇게 사는 거지. 작은 농사 지으면서 아이들 사는 것 구경이나 하면서.

어떤 종교를 가지고 계시나요?

그동안 특별한 종교가 없었다. 개신 계통의 교회도 다녔는데 그럭

아우프 회장 4년 정도 일하면서 성당 공간을 자주 빌려서 사용했다. 그곳에 신부가 소탈하니 좋아서 성당에 다니게 되었다. 집사람도 기독교재단 복자여고를 다니면서 집사까지 되었으나 성당으로 옮겼다.

가족 이야기 좀 들려주시지요.

딸아이는 한국 신랑과 결혼하여 딸 하나를 뒀고, 아들은 독일로 유학을 온 여자와 결혼해서 두 딸에 아들 하나를 뒀다. 셋째는 독일 며느리를 얻어서 아들 하나 뒀다.

마지막으로 하시고 싶은 말씀 좀 들려주시지요.

광부의 삶에서 벗어나 귀국과 체류의 기로에 섰을 때 독일인 레스도랑 주인과의 만남은 소중한 인연이었다. 그 인연으로 그도 살고 나도 처자식을 양육하게 했다. 인연을 소중하게 지켜가는 것도 중요한 것 같다. 우리 두 가족은 요즘도 가끔 사이좋게 만난다.

만난 사람 (25)

광부에서 여행사 사장으로, 유럽 벌판을 달린다
● 황만섭, Hwang Man-Sub ● 편

여행사 사업으로 성공한 황만섭 사장은 고향 경로잔치도 잊지 않는다.(왼쪽 하단)

= 한창 청년처럼 생기 넘치고, 말마다 유머와 재치가 꽃피는 달변가. 여행사 사장이자 특급 가이드다. 광부로 들어와 식품점, 여행사를 운영하여 유럽 벌판을 바람처럼 떠돌며 한 가문을 이뤘다. =

태어난 곳이 어딘가요.

전남 장성군 북하면 중평리 467번지에서 1945년 2월 13일에 태어났다.

독일에 들어온 동기는요?

별거 있나? 독일에 가면 떼돈을 번다고 해서 무작정 떠나온 거지.

독일은 언제 들어오셨나요?

1971년 9월 27일에 들어와 1976년까지 5년 동안 광산에서 일했다. 언어도 통하지 않고, 풍습도 음식도 맞지 않는 낯선 땅에 와서 우리들은 힘겹게 하루하루를 적응해 나갔다.

광부의 산 증인이군요. 삶에 대해 들려주세요.

독일의 작은 도시 '캄프린트포르트(Kamp-Lnitfort)'에 도착, '프리드리히 하인리히 광산' 돈보스크하임(Donbosco Herim)이라는 기숙사에 들어갔다. 들어가 보니 1970년 6월에 들어온 선배 광부 68명이 일하고 있었다. 그 뒤 3개월 늦은 11월에 후배 광부들이 도착했다. 9월과 11월에 온 광부들이 만든 친목회가 71동기회다. 오늘날까지 친목회가 잘 유지되고 있다.

광부의 세계도 선후배가 엄격했나요?

지금 생각하면 아무것도 아닌데, 당시는 선후배 사이에 알력 같은 것이 있었다. 우리보다 1년 뒤 1972년 11월에 '슈멜찡 기숙사(Schmelzing Heim)'에 광부들이 들어왔고, 이어 1975년까지 2진에서 7진으로 이어졌다.

당시 광부들이 계속 들어왔다는 뜻이네요.

그랬지. 1976년 11월 9진, 1977년 4월 10진, 1977년 5월 11진, 7월에 12진, 8월에 13진으로 이어지다가 10월 26일 14진 36명이 마지막으로 들어왔다. 이렇게, 1970년부터 1977년까지 여러 해 동안 많은 한국인들이 독일의 작은 도시 '캄프린트포르트'에 모여들어 복작댔으니 이 작은 도시는 자연스레 시끄럽고 복잡해지기 시작했다. 대한민국 곳곳에서 혈기왕성한 젊은이들이 모였으니 시끄러울 수밖에 더 있겠는가.

이들 중에는 2004년 9월 광산이 문을 닫을 때까지 마지막 광부로 유명한 정 모, 윤 모, 강 모 씨가 있었다.

광산 생활에 어려웠던 일에 대해서 소개해주세요.

뭐니 뭐니 해도 독일 생활에서 제일 견디기 힘든 것은 음식이었다. 얼큰한 찌개나 김치를 먹고 싶어 견딜 수가 없었다. 우리는 기숙사장(돈보스코 하임장) 엑글린(Eglinski) 씨에게 부엌 시설을 해달라고 졸랐다. 우리 음식을 직접 해 먹어야겠다고 하소연했다. 우리가 요청한 대로 지하실에 부엌 시설을 해주었다. 우리는 독일에서 값이 싼 돼지 족발이나 우족, 소꼬리 같은 값싼 재료들을 사다가 음식을 해 먹기 시작했다. 당시는 시장에서 배추도 마늘을 찾아볼 수 없는 시절이었다. 우리는 파란 이파리가 달린 채소를 사다가 소금으로 간을 해서 고춧가루 뿌려 김치를 만들어 먹으니 비로소 살 것 같았다. 우리는 족발을 즐겨 고아 먹으면서 몸보신하니 한 푼이라도 아끼는 데 큰 도움이 되었다. 지하실 부엌에는 몇 사람씩 어울려서 재료를 사다가 요리해서 허기를 채웠다. 때로는 아무 솥이나 열어서 먹었고, 점잖게 입만 닦고 나오면 그만이었다. 뒤에 진짜 주인이 나타나 "누가 먹었냐?"고 고래고래 소리를 지르지만, 결국 자기도 다른 사람 솥에서 음식 퍼먹게 되니 서로 아무 문제가 없는 셈이다. 우리는 이렇게 독일 생활에 적응해 나갔다.

언어 소통에는 어려움이 없었나요?

모두 겪는 어려움이지만, 나는 언어 습득이 좀 빠른 편이었다. 덕분에 1974년 5월부터 언어 교육을 돕는 보조통역을 맡았다. 솔직히 독일어 문장 몇 개를 더 알고 단어 몇 개 더 외운 것뿐인데, 보조통역이 된 것이다. 보조통역이라야 간단한 독일어 인사와 광산에서 쓰는 연장 이름, 밀어라, 당겨라, 들어라, 내려라 이런 정도의 언어교육을 돕는 업무였다. 그래도 나는 일상생활에서 필요한 내용이 실린 교재를 가지고 하나라도 더 가르쳐 주기 위해 혼신의 노력을 기울였다.

광산에서 일할 때 에피소드가 있으면 소개해주세요.

하루는 언어 교육을 받지 못하겠다고 어깃장을 놓는 사람이 있었다. 난감했다. 모두 동조하면 정말 위태로운 상황도 벌어질 수 있겠다 싶어서 나는 비장한 각오로 일장 연설을 했다. "기초 언어 교육은 우리에게 아주 중대한 문제입니다. 독일 말을 제대로 듣지 못해서 밀라고 하는데 당긴다든가, 올리라고 하는데 내린다든가 하면 큰 사고가 난다. 우리가 해외까지 와서 사고를 당하게 된다면 이보다 더 허망한 일은 없을 것입니다." 나의 일장 연설이 있은 뒤부터 독일 언어 교육에 대한 반발이 잠잠해졌다.

광부 간호사 결혼으로 알고 있는데, 결혼담 좀 들려주세요.

아내는 1970년에 파독 간호사로 독일에 왔으니 한 해 선배인 셈이다. 언제인가, 간호사 광부 50여 명이 모여서 파리로 여행을 가게 되었는데 그때 아내도 같이 갔다. 나는 여행 팀의 사회를 맡으면서 장차 아내가 될 여자를 보게 되었는데 마음에 끌렸지. 뒷날 병원 기숙사로 찾아갔더니 식사 대접도 해주더군. 그래서 결혼을 하겠다고 작정하고 목걸이를 사서 선물하려고 다시 찾아갔는데, 보기 좋게 거절당했지. 세 번째 찾아갔을 때에는 마침 몸이 아파서 병원에 입원해 있었는데, 마음이 약해졌던지 청혼에 응하더군. 타이밍을 잘 맞춘 셈이지.

결혼으로 직업 변화가 있었나요?

결혼을 한 뒤에 병원과 광산에서 각각 근무하다가 뒤셀도르프 근처 캄프린트포르트에서 1980년 3월부터 한국 식품점을 열었다. 당시는 한국 식품점이 별로 없던 때라 아내와 둘이 일을 하는데 일손이 부족할 만큼 잘 되었다. 광산을 다니면서 식품점과 항공권을 겸하다가 세계여행사라는 간판을 내걸고 일한 것은 1985년부터였다.

본격적인 여행사는 언제부터 하셨나요?

1996년에 13년 동안 운영하던 식품점을 접고 프랑크푸르트로 옮겨서 세계여행사라는 새로운 간판을 내걸면서 본격적인 유럽 관광에 나서게 되었다. "나는 다시 태어나도 여행사를 하겠다."고 말할 정도로 즐겁게 일했다.

앞에서 71동기회 말씀을 하셨는데, 소개해주세요.

그냥 모여서 지난날을 회고하는 친목회다. 이 자리에서 30년 동안 대양식품을 동업으로 성공시킨 두 친구를 소개하고 싶다. 더 정확하게는 두 부부(박영기, 홍난숙 ; 차정기, 오향숙)인데 동업을 하면서 돈지갑을 같이 놓고 쓴 사람들이다. 당시 뒤셀도르프는 일본인들의 텃밭이어서 일본 식품점을 차려 많은 일본인들이 성업 중이었다. 그런데 한국인 네 사람이 운영하는 식품점이 너무 좋다며 사람들이 몰려들었다. 이렇게 되니 일본인들이 경영하는 식품점들이 하나하나 문을 닫고 떠났다. 대양식품에서 일하던 일본인 종업원들도 한번 대양식품에 들어오면 주인들의 인심이 너무 좋아서 떠날 생각을 하지 않았다. 이런 일은 작지만 국위를 선양하는 데 일조한 셈이다. '옛말에 부자지간에도 돈거래는 하지 말라'는 말도 있지만 30년이나 트러블 없이 동업을 한 훌륭한 네 사람이다. 이런 일은 세상에 흔치 않을 것이다.

다른 이야기가 있으면 소개해주세요.

가슴 아픈 이야기가 있다. 동기회 중 박영기가 2015년 3월 31일에 세상을 뜨고 말았다. 그는 1971년 우리와 처음 만났을 때에도 웃었고, 44년 동안 친구로 지내면서도 항상 웃음을 잃지 않았다. 암과 싸울 때에도 웃더니, 자기 수명이 며칠 남아 있지 않은 절박한 시간에도 웃었다. 프랑크푸르트에 사는 내가 뒤셀도르프 병원으로 면회를 갔더니 내게 따뜻한 손을 내밀며 편안하게 웃었다. 이틀 뒤에 영원히 이 세상을 떠날 자신을 걱정하는 것이 아니라 250Km 떨어진 프랑크푸르트로 돌아가는 길이 힘들겠다고 하면서 오히려 내 걱정을 해주던 친구였다.

지금 고향에는 누가 남아 있나요?
4남매인데, 위로 형과 누나, 아래로 여동생이 하나 있다.

고향 이야기 좀 들려주세요.
특히 머나먼 독일에 와서 살다 보니 고향이 늘 그립다. 그냥 고향을 생각하는 마음에서 내가 번 돈 많지는 않지만 다달이 기금을 보내고 있다. 고향에는 가족들과 마을 어르신들도 반겨 맞이하신다.

인터넷에서 보니 고향에 경로잔치를 벌여준 내용이 나왔던데요.
뭐 별것은 아니고, 고향에 대한 그리움의 한 표현이겠지. 고향이 장성인데, 소액이나마 매달 후원금을 보내고 있다. 다른 곳과 마찬가지로 장성도 젊은이들이 다 도시로 떠나가고 혼자 있는 노인들이 많아 장성부녀회에서 자원봉사자들이 그분들께 일주일에 세 번 식사를 제공한다는 소식을 듣고 후원하게 되었다. 한국에 나가면 그들의 잔치에 참가하기도 하고.

독일 가족에 대해 말씀해주세요.

처와 딸 둘이 있는데, 큰딸은 인문계고등학교 교감 선생이고 사위는 법대를 졸업해서 회사 사장으로 있고, 둘째 딸은 법대 졸업해서 금융감독원 공무원으로 있다.

앞으로 하시고 싶은 일이 있다면 무엇입니까? 계속 여행사를 하실 생각이신지요?

앞에서도 말했지만, 나는 다시 태어나도 여행사를 하고 싶다. 여행사를 하며 각계각층의 다양한 사람들을 만나는 즐거움이라는 것이 있다. 내가 여행 가이드가 아니면 어떻게 사회적으로 지위가 높은 분들을 만나 자유롭게 이야기를 나눌 수 있겠는가? 나는 한국에서 오신 손님들 모두를 가족이나 친척으로 생각하고 항상 최선을 다하다 보니 일이 즐거워지더군.

만난 사람 (26)

생애를 망명자 신분으로 한민족의 긍지를 품에 간직하다
● 양해동 ● 편

『서간도 아라랑』은 1960-70년대 재독 교포들의 곤고한 삶을 그리고 있다. 살기 힘든 이국 생활에서 고국의 암울한 정치 상황을 극복하고자 하는 동포들의 모습을 생생하게 담은 자전적 소설이다.

= 필자는 재독일 교포들의 독서 모임 "우리역사문화연구소(소장 양해동)"의 초청으로 2002년 10월 "대하역사소설 『동트는 산맥』의 저자 채길순의 재독일 교포 독자와 저자의 대화"에 다녀온 바 있다. 당시 <교포신문>에 「유럽 벌판의 회향곡(懷鄕曲), 아리랑」이라는 제목으로 기행문을 기고했으며, 여기에 다시 싣는다. 필자는 2011년 8월에 에센의 한 양로원에 입원한 그를 만났는데, 이승에서의 마지막 만남이었다. 삼가 명복을 빈다. =

(기고문)

노(老)정객에게 남은 꿈

2002년 10월 13일(토), 독일 행 비행기가 고추잠자리처럼 가볍게 가을 속으로 빨려 들어갔다. 엷은 졸음에 젖어들 무렵, 어디선가 어린아이의 울음이 들려왔다. 앞좌석에서 여인의 품에 안긴 어린아이는 뭐가 불편한지 칭얼대고 있었다. 문득, 양해동 선생의 자전적 소설 『북간도 아리랑』(1999년, 살림터) 첫머리가 생각나서 좀은 우울했다. "비록 조국이 너희들을 버렸지만 부디 훌륭하게 자라서 꼭 조국으로 돌아와야 한다." 소설의 주인공 남길수가 비행기 삯을 아끼려고 고아와 동행했다가 팔려가는 고아들과 헤어지면서 한 말이 생각나서 가슴을 적셨다. 세월이 훌쩍 지난 오늘, 저 어린아이와 여인은 무슨 사연으로 독일 행 비행기에 탑승했을까.

비행기가 세계도서박람회가 열리는 독일 프랑크푸르트에 도착했지만, 초청자인 "우리역사문화연구소"를 찾아가기 위해 뒤셀도르프 행 비행기로 갈아탔다. 저녁 9시쯤 도착했는데, 양 선생이 소설 제목 『동트는 산맥』 피켓을 들고 서 있었다. 오랜 망명 생활에 늙고 지쳐 있는 모습으로 상상했었는데 퍽 건강해 보였다.

양 선생의 집은 뒤셀도르프에서 좀 떨어진 작은 도시 오버하우젠에 있는데, 독일의 전형적인 서민형 주택에 사무실과 살림집이 붙어 있었다. 사무실 겸 서재로 쓰는 방으로 들어서자 바람벽은 비장한 민중화들로 장식되어 있었다. 한국에는 사라진 구호들이, 7·80년대의 열망이 박제가 되어 남아 있는 것 같았다. 하지만 지금도 여전히 태평성대의 시절이 아니었다.

노정객은 별 자랑할 것도 없는 한국의 정치·사회문제에 대해 밤이 깊도록 질문했다. 내가 궁색하게 말을 기워나가는데, 어느 쯤에서 양 선생은 내일 프랑크푸르트 도서박람회장에 가야 한다는 일정을 상기하고는 잠을 청했다.

책 잔치 풍경과 쓸쓸한 뒷맛

10월 14일(일), 시차에 따른 별스런 피로감도 잊고 일찌감치 잠을 깼다. 작은 도시 오버하우젠에서 프랑크푸르트 세계도서박람회장으로 가는 전세버스가 기다리고 있었다. 차창 밖으로는 한창 가을이 불타고 있었다. 숲은 우리의 가을 분위기인데, 들은 푸른 초원이었다.

광장같이 넓은 주차장 너머로 오랜 전통을 가진 박람회답게 번쩍이는 백색 건물이 웅장한 자태로 서 있었다. 먼저 한국관을 찾기로 했다.

입구에서 꽤 먼 거리여서 쉴 자리를 찾아 앉았는데, 아가씨가 반겨 달려왔다. 박람회 기간 동안 외국 작가들을 만나 국내에 번역 출판할 책을 알선하는 일을 하기 위해 나와 있는데, 한국인을 보자 반가워 말을 걸어온 것이다. 아가씨는 친절하게도 한국관까지 안내해주고 돌아갔다. 아시아권이 모여 있는데, 한국관은 왜인지 변두리로 느껴졌다. 그나마 일부 부스는 철수를 해서 더욱 썰렁해 보였다.

양 선생은 약속한 교포를 기다리기로 하고 나는 박람회장을 둘러보기 위해 나섰다. 대륙별로 구획을 지었고, 나라마다 한 코너를 차지하고 있는데, 미국 테러 사건 뒤여서인지 썰렁하게 느껴졌다. 그런 중에도 유럽관은 좀 달랐다. 나라마다 제 민속 악기를 흥겹게 연주하며 사람들의 발길을 붙들었다. 책의 잔치를 빌려 자신들의 신명난 삶을 보여주려는 듯한 인상이었다. 하기야 책 잔치란 결국 인류의 정신을 풍요롭게 할 축제가 아닌가. 나라마다 볼거리가 끝없이 다양한데, 기다리고 있을 양 선생과 교포들 때문에 발길을 돌렸다.

김성수 김사덕 두 사람이 기다리고 있었다. 김성수 씨는 독일에서 동학 연구로 박사학위를 받았고, 김사덕 선생은 광부로 건너왔다가 독일 시민이 되었다. 달리 연락할 방법이 없어서(독일에는 핸드폰이 상용화되지 않았다) 잠시 다른 교포를 기다리고 있는데, 뜻밖의 일이 벌어졌다. 독일 경찰이 출동한 것이다. 국내에서 나온 출판협회 관계자가 곁에 서 있어서 그들이 신고를 한 줄 알았다. 내가 박람회장을 돌아보는 동안, 양 선생이 찾아오는 교포들에게 읽을 도서목록을 나누어 준 것이 문제가 되었다. 그렇다고 이곳에 전시된 책이 꼭 팔기 위한 것도 아닌데, 교포 노인을 다루기 위해 경찰을 부른 것은 아무래도 이해가 가지 않았다. 한국관 경계에서 쫓겨나는 것으로 사태가 수습이 되기는 했지만 화가 났다. 상의 끝에 양 선생은 교포를 기다리기로 하고 우리는 레스토랑으로 갔다.

두 김 선생은 국내에서 반(反)유신투쟁 민주화운동이 전개되는 동안 이국에서도 상응한 투쟁 활동을 꾸준히 해왔다는 사실에 놀랐다. 아니, 어쩌면 더 치열했는지도 모른다. 긴박했던 1970년대, 그들은 "피 닦고 똥 닦아 돈을 벌면서(이민 초기 광부와 간호사들의 아픔을 이렇게 표현했다)" 반공 이데올로기로 인해 고통당하는 동포들을 보호하려 했다. 물론 이 일에는 말하기조차 어려운 고통이 따랐다. 김덕수 선생의 일화로, 입국하는 동료에게 국내에 자신의 안부를 전해 달라고 했더니 무슨 연유에서였던지 "남편이 빨갱이가 되었다."고

전하는 바람에 아내는 딸 하나를 버리고 개가를 해버렸다는 것이다. 그래서 그는 지금 환갑을 바라보는 나이에도 홀아비 신세였다. 내가 좀 민망한 생각이 들어 말했다.

"이제는 조국이 민주화도 되고 했으니 개선이 되겠지요."

내 말끝에 두 사람은 빙긋이 웃었다.

"쉽게 달라지지 않습니다. 대한민국은 보안법 때문에 부모가 돌아가도 돌아갈 수 없는 잔인한 나라지요. 아무개가 대통령 후보 시절에 우리 동포들을 모아놓고 꼭 보안법 철폐를 없애겠다고 약속을 했지만 대체 뭐가 변했단 말이오?"

'잔인한 나라'라는 말이 뇌리에 남았다.

"우리에게 독일 통일이 온전한 본보기가 될 수는 없습니다. 우리 민족의 문제는 우리 민족 스스로 찾아야 하는데, 외세와 분단 이전의 역사로 거슬러 올라가 다시 출발해야 합니다. 그 중심이 바로 동학정신입니다."

김 박사가 조국 통일 문제에 대해 소박하게 소견을 피력했다. 이어 가지고 온 책을 꺼내놓았다. 김 박사는 독일에서 동학사상에 대해서 학위논문을 썼고, 독일어로 동학사상을 소개하는 책을 출판했다.

"이태 전에 책을 천도교에 보냈는데 답장 한 장 없더군요."

서운함을 넘어 원망이 섞인 말이었다. 이어 김 박사는 동학사상이 현실적 대안이라는 요지와, 국내의 많은 어려움 앞에서 침묵하고 있는 지식인들을 꼬집었다.

양 선생이 교포 만나는 일을 포기하고 올라와 합석했다. 그들의 조국에 대한 비판이 이어졌지만 그것은 온전히 조국에 대한 애정이었다.

그럭저럭 아침에 타고 온 전세버스에 오를 시간이 되어 다음 토론회를 약속하고 이들과 헤어졌다.

공원 벤치에서의 대화

10월 15일(월), 공원에 가을이 깊어 있었다. 양 선생과 나는 중국 식당이 바라보이는 벤치에 자리 잡았다. 어떤 연상 때문에서였을까, 양 선생이 지난 해 연변 여행에 대해 입을 열었다. 어쩌면 양 선생은 만주 땅 동포들의 삶을 돌아보면서 들어가지 못하는 조국에의 향수를 달랬는지 모른다.

민족 작가 이미륵은 소설 『압록강은 흐른다』를 통해 조국에 대한 그리움을 달랬다. 양 선생은 그런 낭만이 아니라 광부와 간호사 대중에게 도서를 보급하여 현실을 일깨우는 일이 시급하다고 느꼈고, 이를 실천했다. 광부 간호사 대중과 독서토론을 열면서 힘을 얻었고, 비록 소수였지만 광주민주항쟁 때 나왔던 동포들을 만나자 힘이 났다. 민주사회건설협의회(초대회장 송두율, 약칭 민건회)를 결성하여 반유신투쟁, 반파쇼, 독재타도와 같은 민주화운동을 전개한 일이나, 1974년 '3·1운동 55돌 기념 55인 서명'은 이 같은 맥락에서 벌인 활동이다.

양 선생에게 신념이라면, 사회 집단이나 체제의 폭력에 대응할 민중과 이들을 행동으로 계도할 양심 지식인이 있을 때 비로소 그 사회가 건강하다는 것이다. 그의 이 같은 신념에 대한 기록이 그의 자전적 소설 『서간도 아리랑』이다. 필자가 물었다.

"당시 서명자 55인은 지금 어떻게 살고 있습니까?"

"다 흩어져 제 삶에 안주하고 있지요."

어쩌면 신념을 온전히 지니기에는 너무 많은 세월이 흘러버렸는지도 모른다. 그동안 고국에 두고 온 부모가 세상을 떴다. 그때마다 가지 못하는 망명객은 이국땅을 바라보며 홀로 목을 놓았다. 그 뒤로 누나와 동생들이 관광객으로 들어와 만나고 돌아갔다. 망명객은 지금까지 이 낯선 땅에서 도서 보급에 앞장섰는데, 한때 조카가 책값을 대주기도 했다. 하지만 요즘에는 책에 먼지들이 쌓여 가는데, 이는 한국의 현실과 너무 닮아 있었다.

이국의 가을 석양이 어둠 속으로 곤두박질치고 있었다.

"양 선생님께서는 요즘 어떤 일에 관심을 가지고 지내십니까?"

"머 할 기 있나. 우리 역사 연구를 해야지."

아직 고스란히 지니고 있는 억센 마산 사투리 속에 곧은 결의가 들어 있었다. 그동안 교포들과 독서와 토론을 하면서 정리한 우리의 민중사를 엮어내겠다는 다부진 포부를 밝혔다. 민건회가 역사의 저편으로 잊혀진 현실에서도 양 선생은 지난날의 식지 않은 전망과 절망을 함께 끌어안은 채 꿋꿋해 보였다.

하지만 머리 희끗희끗한 노정객의 어느 구석에서는 쓸쓸한 모습이 보였다. 필자가 초청장을 받고 나서, 오랜 독일 생활을 청산하고 국내에 들어와 집필 활동을 하는 소설가 정창근 선생에게 대충 양 선생에 대한 신상을 들었다. 그가 투쟁을 하는 동안 현실에 대한 이해 차이로 아내와 헤어졌다. 서독에 들어왔던 광부 간호사 세대들이 거친 날을 지나 안정된 가정을 이룬 것처럼, 어쩌면 그의 아내도 안정된 생활을 꿈꾸었을 것이다.

저녁에는 수염이 보기 좋은 교포 원병호 선생과 그의 부인이 한국 음식을 차려놓고 기다리고 있었다. 식당에서 넓은 정원이 넘겨다보였는데, 태권도장과 가정집이 너른 정원을 사이에 두고 서 있었다. 원 선생은 태권도 국제 심판 자격으로 평양축전까지 참가했다. 그는 기행문집으로 『갈라진 산하 찢겨진 동포』라는 저서를 통해 북쪽 동포들의 통일 염원을 전하고 있다.

독자들과의 대화

10월 18일(목), 원 선생이 네덜란드 헤이그 여행을 안내하기 위해 아침 일찍 차를 몰고 왔다. 미국 테러 사건 여파로 독일에서 네덜란드로 들어가는 국경지대 검문이 삼엄할 것으로 예상했는데, 뜻밖에 무사통과되었다. 큰 강과 호수를 낀 가을 속 헤이그는 낙엽이 지는 도시 복판으로 전차와 버스들이 쉼 없이 오가고 있었다.

이준(李儁, 1859-1907)은 1907년 고종의 특사 자격으로 이상설 이위종과 함께 세계평화회의가 열리는 이 도시로 들어왔다. 세 사람은 세계평화회의에 고종의 친서와 신임장을 전하고, 일제의 한국 침략을 국제 여론에 호소했다. 그러나 세계열강의 대표들이 냉담하여 분을 억누르지 못해 순국(殉國)했다. 예나 지금이나 열강은 약국에 얼마나 냉혹한가. 기념관은 시내 중심가에 있었으나 굳게 문이 닫혀 있었다. 문에 연락처가 있었으나 전화를 받지 않아서 그냥 돌아서야 했다.

헤이그에서 돌아오니 교포들이 독서 토론회를 위해 기다리고 있었다. 낯선 땅에서 교포들과의 만남도 반가운 일인데 독자에 대한 반가움이랴. 교포 독자들은 책을 읽으면서 궁금한 내용을 하나하나 메모를 해 와서 필자를 긴장시켰다.

먼저, 작가가 소설의 역사적 배경이 되는 조선 말기의 역사적 개관을 소개했다. 동학혁명은 삼정문란(三政紊亂)으로 지배 체제의 가혹한 수탈에 지친 백성들이 생사의 갈림길에서 선택한 마지막 몸부림이었으며, 결국 우리 역사에서 집단의 힘을 온몸으로 체험한 혁명이었다. 이는 60년대의 4·19, 70년대 부마항쟁, 80년대의 광주민주항쟁 등으로 역사적 전통의 맥을 이었다. 그리고 동학혁명사가 전라도 전봉준 중심의 축소된 역사가 아니라 최시형을 아우른 전국 규모의 사건으로 보아야 한다고 피력했다.

교포 독자들이 돌아가면서 독후감을 발표했는데, 대개 동학혁명사가 우리 근대사에 매우 큰 비중을 차지하고 있다는 사실에 놀랐다. 더러 질문이 섞였다. 주인공 갑놈이의 행적이 애매한 부분을 지적하였고, 소설 속에 민비의 부패와 요즘 국내에서 방영되는 <명성황후>에서 치적이 미화되는 문제에 대해 질문을 했다. 필자는 동학혁명사에서 민비는 부패한 봉건 세력의 중심이며, 외세를 끌어들여 동학 민중을 압살한 인물인데 왜곡되고 있다는 요지를 말해주었다. 그리고, 어떤 독자는 아직 소설이 끝나지 않았음을 지적하여 필자를 긴장시켰다. 『동트는 산맥』이 공주전투를 앞두고 서둘러 끝을 맺는데, 실은 역사소설 출판을 기피하는 현실 때문이기도 했다. 그러나 언젠가는 진정한 마무리를 짓겠다고 약속했다.

차츰 밤은 깊어 가는데, 논자들의 토론은 끝이 없을 듯했다. 결국, 우리의 자주적 통일은 서구 사상 유입 이전의 우리 고유의 사상이나 역사적 사건에 나타난 열망으로부터 출발해야 한다는 결론과 함께 '아리랑' 합창으로 끝을 맺었다. 먼 이국땅에서 듣는 아리랑은 느낌이 달랐다.

프랑크푸르트의 마지막 토론

10월 20일(토), 김성수 박사가 프랑크푸르트 중앙역으로 마중을 나왔다.

날이 저물자 가을비가 추적거리고 있었다. 프랑크푸르트 교외에 자리 잡은 식당은 밴드 소리로 들떠 있었다. 김 박사가 터키인의 결혼 피로연이라 했다. 신명나게 가무를 즐기는 모습이 우리와 비슷했다. 어쩌면 저들에게는 '아리랑' 인지도 모른다.

좀 한가한 자리로 옮겨 앉았다. 시간이 좀 지나서 몇 사람이 왔는데, 약속했던 사람들 대부분이 한인 교회 행사에 참가하느라 불참하게 되었다는 것이다. 그중 강민 씨는 독일에 유학을 와서 학위 논문을 쓰는 학생이면서 재독 신문 객원기자로 취재를 위해 자리를 함께 했다. 이번에는 주로 교포들의 삶에 대해 의견을 나누었다.

먼저, 김 박사가 이곳의 동포들이 한국문학에 관심은 많지만 소개가 미온적인 점을 지적했다. 김지하의 "밥"도 일본 사람이 먼저 번역을 했다.

이어 반공 이데올로기와 같은 역사의 허구성, 그리고 서구 이념에 근거한 통일론은 결국 허상일 수밖에 없으며, 후손들에게 동학혁명과 같은 자주적인 사건을 제대로 교육시키지 못한 반성, 미·소 두 이념의 수레바퀴 아래 희생된 불행한 역사 등으로 이어졌다. 수백만이나 되는 민중의 목숨이 제단에 바쳐졌지만 아직 우리의 아픈 역사는 끝나지 않았다.

이렇게 깊은 밤까지 토론하는 이들은 독일인도 한국인도 아닌 국제적 미아다. 하지만 그들에게는 조국에 대한 진한 애정이 배어 있었다.

남겨둔 열망

10월 21일(일), 지난밤 비로 가을이 한층 진하게 다가와 있었다. 이른 아침을 먹고 김성수 박사와 함께 프랑크푸르트 시내를 관광했다. 괴테 하우스와 오래된 성당들, 프랑크푸르트 대학을 둘러보았다. 독일에서는 교육비가 들지 않는다는 말이 너무도 부러웠다. 점심시간까지는 넉넉하여 마인츠 강가로 산책을 나왔다. 김성수 박사가 지나가는 말처럼 꺼냈다.

"이제 2세들이 문제입니다. 여러 문제를 안은 조국이 우리도 자랑스럽지 못한데 이들에게는 뭘 내세워야 할지 막막합니다. 이제 정부도 이들에게 애정이 필요합니다. 2세로 내려가면서 차츰 우리말과 글을 잃어가고 있습니다. 혼을 잃어 가는 것이지요."

이들을 위해서라도 이제는 조국이 바른 행동을 보일 때라는 것이다.

공항에서 헤어질 때 김 박사가 악수를 위해 손을 내밀었다. 나는 미처 인사말을 떠올리지 못했는데, 불쑥 말을 던졌다.

"우리 통일합시다!"

통일! 우리에게는 마냥 추상적인 말인데 그들의 가슴에는 뜨겁게 살아 있었다.

(작가의 말)

멀리 떠나온 사람들의 디아스포라

2011년 함부르크에서 "문학작품에 나타난 동학농민혁명" 문학 강연

멀리 떠나온 사람들의 디아스포라

2016년 8월에 독일 문학 강연을 다녀왔다. 강연 제목은 「우리의 삶, 어떻게 적을 것인가」였고, 파독 광부 간호사 출신들이 많이 거주하는 프랑크푸르트, 베를린, 에센 세 지역에서 강연을 했다. 고국을 떠나온 지 50여 년이 되어가는 교포들은 저마다의 사연을 품고 살

아가면서 자신의 '기록'에 나름대로 관심을 지니고 있었다.

　필자가 프랑크푸르트에 도착하던 그날, 마침 "러시아 고려인 민속 공연단"의 공연이 있어서 독일의 교민들과 함께 관람했다. 고전무용과 민요에 심취하는 교민들을 보면서 어떤 감회가 밀려왔다. 필자는 2002년에 우즈베키스탄 타슈켄트에 3개월 머물면서 '멀리 떠나온 사람들의 삶'을 취재한 적이 있었다. 당시는 연말연시여서 고려인들의 다양한 민속 공연을 관람할 기회가 자주 있었는데, 오늘만큼이나 반응이 뜨거웠다. 망향(望鄕)에의 '디아스포라(그리움)' 때문이었을 것이다. 그곳의 고려인들은 두만강을 건너 블라디보스토크로 갔고, 1937년 소비에트 연방 시절 스탈린의 강제 이주 정책에 의해 다시 중앙아시아의 한겨울 척박한 벌판에 버려졌다. 그곳에서 고려인들은 다시 뿌리내렸고, 어느덧 3세대를 넘어 4세대로 이어지고 있었다. 당시 타슈켄트 교외에 있는 노인 요양 시설 '아리랑 양로원'에서 노인들을 만났는데, 저마다 머리맡에 공책을 두고 자신들의 삶의 여정을 꼼꼼히 기록하고 있었다. 세대를 거치는 동안 고려 말과 글을 잊어버려서 러시아 문자로 기록하고 있었다.

독일 광부 간호사들의 아픈 삶

　1960년대, 70년대에 걸쳐 진행된 파독 광부 간호사의 삶에도 갖은 아픈 사연들이 담겨 있다. 돈벌이 문제를 넘어 각 일터에서 벌어지는 열악한 노동 조건에 대한 저항, 뿐만 아니라 사상과 이념의 문제에 이르기까지 갖은 아픔과 맞닥뜨려야 했다. 그런 '어둠의 시간'에도 교민들은 낯선 독일 땅에 굳건하게 뿌리내려 어엿한 일가(一家)를 일궜다. 당대에 독일 사회에 영향력 있는 인사로 성장한 이도 있었지만,

특히 2,3세들이 독일 사회에 부각되고 있다.

이들에게 또 다른 복지시설이 필요하다

50여 년의 세월이 흘러 파독 교민 1세대들이 노년기에 접어들고 있다. 2세들을 떠나보내고 살아가는 이들에게 의지할 곳이 필요하다고 말한다. "양로원 같은 복지 시설이 절실하고, 한국에 들어가도 이제는 연고가 없는 사람들이 많아져서 마음 놓고 묵을 곳이 필요하다."고 입을 모은다. 이런 문제를 공관에서 나서서 해결해 주기를 바랐지만 "필요성은 공감하지만 문서를 받아 미적대다가 부서에 사람이 바뀌면서 흐지부지 되어왔다."고 회고했다.

지난날의 아픔을 어떻게 정리할 것인가

제2차 세계대전 이후 동서 냉전 대립 체제는 동서독, 베트남, 한반도 장벽으로 가시화 되었다. 독일에 거주하는 교민들은 먼저 한국 내의 정치 사회 상황에 맞물려 조국 통일과 민주화, 독재정권에 저항하는 등 다양한 움직임으로 나타났다. 일부 정치적 망명자들이 분단된 독일에서 투쟁 활동을 벌였고, 이들을 견제하려는 공관의 움직임도 긴박하게 전개되었다. 이런 틈에서 교민들의 삶도 일정하게 제한을 받지 않으면 안 되었다.

세계정세 변화에 따른 동서독의 베를린 장벽이 붕괴되는 현장을 체험하면서, 또 다른 혼란이 왔다. 이념 대립이 사라지고 전개된 화해 무드에서 교포 사회는 새로운 분열과 반목질시로 아픔을 겪어야 했다.

역사적으로 베를린은 통일운동과 독재정권에 저항했던 민주화 열풍의 진원지가 아니었던가. 최근에 필자가 베를린에서 어느 보수 성향의 한 인사를 만났는데, '진보 성향 인사와의 접촉'을 의도적으로 방해하기도 했다.

입국 거부 인사, 이대로 좋은가

인터뷰를 진행하는 동안 어느 교포로부터 "요즘 과거에 고국의 민주화운동에 앞장섰던 일부 진보 인사들의 입국을 거부하는 사례가 늘고 있다."고 전해 들었다. 뿐만 아니라 한국 내의 정치 상황과 맞물려 교포 사회에 전에 없던 관변 보수 단체가 진보적인 인사들의 활동을 조직적으로 반대하고 나서기도 했다. 이로써 교포 사회는 새로운 분열과 반목질시의 분위기가 감돌고 있었다.

이들의 고단한 삶의 여정 기록

조국의 가난을 등지고 떠났던 광부 간호사. 이들의 삶은 개인적일 수 있겠지만 교민사이자 한국의 역사이다. 나는 이들의 고단한 삶의 여정에 귀기울였다.

화사한 꽃밭에서 어느 꽃만 아름답지 않다. 개인의 아픈 삶이 곧 독일 교포 사회 꽃밭의 꽃이다.

「이 도서의 국립중앙도서관 출판예정도서목록(CIP)은 서지정보유통지원시스템 홈페이지 (http://seoji.nl.go.kr)와 국가자료공동목록시스템(http://www.nl.go.kr/kolisnet)에서 이용하실 수 있습니다.(CIP제어번호: CIP2018009725)」

파독 광부 간호사 삶의 기록

독일 아리랑

| 1쇄 발행 2018년 3월 20일
| 지 은 이 : 채길순
| 펴 낸 이 : 김성구
| 펴 낸 곳 : 국제문학사
| 등록번호 : 2015.11.02. 제25100-2015-000083호
| 주   소 : 서울특별시 은평구 가좌로7길9-9(응암동), 소원노블레스 가동501호
| 전   화 : 070-8782-7272
| 주 거래은행 / 농협 351-0914-8841-23(김성구 국제문학사)
| 전자우편 E-mail kims0605@daum.net
| ISBN : 979-11-960937-4-7 03920

값 15,000원

잘못된 책은 본사나 구입하신 곳에서 바꿔드립니다.

ⓒ 2018. Printed in Seoul, Korea

* 이 책은 2017년 한국문화예술위원회 해외레지던스(자율형) 사업의 일부로 발간되었습니다.
* 이 책은 저작권법에 의해 보호를 받는 저작물이므로 무단전제와 무단복제를 금합니다.